KB238146

◇ 청소년 ◇

명심보감

明

心

어른이 되기 전에   읽어야 할

청소년

명심보감

김한수 지음

寶

鑑

하늘
아래

『어른이 되기 전에 읽어야 할 청소년 명심보감』은 올바른 어른으로 성장하고 싶은 청소년들을 위한 인성 교육서입니다.

이 책은 10대 청소년들이 겪는 성장통과 내면의 혼란을 치유하며, 자신을 돌아보고 바른길을 찾도록 돕기 위해 집필되었습니다. 청소년기는 자아를 탐색하고 사회 속 관계를 이해하며, 자신의 가치관을 형성하는 중요한 시기입니다.

이 책은 청소년들이 이러한 성장 과정을 지혜롭게 헤쳐 나가며, 자신과 세상에 대해 올바른 시각을 가질 수 있도록 돕는 길잡이가 되기를 바랍니다.

『명심보감(明心寶鑑)』은 고려와 조선 시대에 걸쳐 전해져 내려온 고전으로, "마음을 밝히는 보배로운 거울"이라는 뜻을 담고 있습니다.

효(孝), 충(忠), 예(禮), 인(仁)과 같은 인간의 덕목을 중심으로 인생을 어떻게 살아야 하는지에 대한 깊은 교훈을 전해 주는 책으로, 오랜 세월 동안 우리 선조들의 삶을 비추어 온 소중한 지침서였습니다.

『어른이 되기 전에 읽어야 할 청소년 명심보감』은 명심보감의 가르침을 현대 청소년들이 이해하고 실천할 수 있도록 재구성하였습니다.

특히, 이 책은 각 주제마다 『명심보감』의 중요한 구절을 명심 명언 한 문장 필사로 담아, 독자들이 중요한 내용을 쉽게 이해하고 마음에 새기며 다짐할 수 있도록 구성했습니다.

예를 들어 「계선 편」에서는 "착한 마음을 가진 자에게는 복이 따르고, 악한 마음을 가진 자에게는 화가 따른다"는 교훈을 통해 선행의 중요성을 일깨우고, 「천명 편」에서는 "인간의 삶은 순리에 따라 흘러가야 한다"는 가르침을 통해 세상에서 자아와 타인을 올바르게 이해하도록 하였습니다.

또한, 이 책은 청소년들이 일상에서 실천할 수 있는 구체적인 행동 지침을 각 주제와 연관하여 제시함으로써, 올바른 가치관을 형성하고 마음을 다스리는 데 실질적인 도움을 주고자 했습니다.

「효행 편」에서는 부모와 스승을 공경하는 것이 왜 중요한지 설명하고, 「정기 편」에서는 혼자 있을 때도 바른 마음가짐을 유지하라는 가르침을 줍니다. 「안분 편」에서는 주어진 상황에 감사하며, 정신적인 평안을 찾는 법을 가르치고, 「근학 편」은 꾸준히 배우고 발전하려는 삶의 자세를 강조하여 청소년들이 삶의 여러 상황에서 자신을 다듬으며 성숙한 어른으로 성장할 수 있도록 하였습니다.

『어른이 되기 전에 읽어야 할 청소년 명심보감』은 단순히 읽고 끝내는 책이 아니라, 청소년들이 각자의 삶에서 직접 실천할 수 있는 구체적인 지침을 담은 성장의 교과서입니다. 이 책의 각 편은 청소년들이 자아를 성찰하고 타인과의 관계를 건강하게 맺어 가는 데 실질적인 길잡이가 되어줄 것입니다. 청소년들이 이 책을 통해 자신을 돌아보고, 타인에게 선을 베푸는 법을 배우며, 더불어 살아가는 법을 깨달아 올바른 어른으로 성장하기를 바랍니다.

우리 사회의 일원으로서 여러분이 진정한 어른이 되기까지의 과정 속에서 이 책이 마음의 거울이 되어, 어려운 상황에서도 바른길을 선택할 수 있는 용기와 지혜를 얻기를 진심으로 바랍니다.

여러분의 성장을 돕는 이 책이, 작은 빛이 되어, 자신의 길을 찾고 올바른 길로 나아가는 데 든든한 버팀목이 되기를 기대합니다.

머리말 4

제1장   계선편(繼善篇) – 착한 일을 행하라   9

제2장   천명편(天命篇) – 하늘의 뜻에 따르라   25

제3장   순명편(順命篇) – 부귀영화가 하늘에 있으니 분수에 맞게 살아라   35

제4장   효행편(孝行篇) – 부모님께 효도와 행실로 도리를 다해라   45

제5장   정기편(正己篇) – 자기의 마음을 바르게 하라   57

제6장   안분편(安分篇) – 편안한 마음으로 분수를 지키며 살아라   89

제7장   존심편(存心篇) – 마음을 보존하라   101

제8장   계성편(戒性篇) – 성품을 경계하라   123

제9장   근학편(勤學篇) – 부지런히 배우라   137

제10장 훈자편(訓子篇) - 자식을 가르치라   149

제11장 성심편(省心篇) (上) - 마음을 살피라   159

제12장 성심편(省心篇) (下) - 마음을 살피라   195

제13장 입교편(立敎篇) - 가르침을 세우다   223

제14장 치정편(治政篇) - 정사를 다스리다   231

제15장 치가편(治家篇) - 집안을 바르게 다스리다   239

제16장 안의편(安義篇) - 의롭게 살아야 편안하다   247

제17장 준례편(遵禮篇) - 예절을 따르라   253

제18장 언어편(言語篇) - 말을 바르게 하라   263

제19장 교우편(交友篇) - 친구를 잘 사귀어라   273

제1장

계선편
繼善篇

착한 일을 행하라

:

착한 일을 하는 자에게는 복이 오고
악한 일을 하는 자에게는 화가 미친다고 했습니다.
선한 일을 행하기란 매우 어려운 일이지만
선한 본성을 길러 내어 선한 일을 끊임없이 실천하는 것은
어른이 되기 전 올바른 자아를 만드는데 중요한 덕목 중 하나입니다.

1 —— 선에는 복이 따르고, 악에는 화가 따른다

자 왈
子曰,

위선자　천보지이복　　위불선자　천보지이화
爲善者는 天報之以福하고 爲不善者는 天報之以禍니라

공자께서 말씀하시기를, "착한 일을 하는 사람은 하늘이 복을
내리고 악한 일을 하는 사람은 하늘이 재앙을 내린다."라고
하였습니다.

이 말씀에서는 '선'과 '악'을 대비하여 복을 주는 사람과 재앙을 내리는 사람을 구분하고 있습니다. 하늘은 착한 일을 하는 사람에게 복을 주고, 악한 일을 하는 사람에게는 재앙을 내린다고 전해집니다. 이는 우리가 지속적으로 착한 일을 실천해야만 행복하게 살 수 있다는 중요한 교훈을 주고 있습니다.

『유태경전』에서는 "선인이란 자신의 허물을 기억하고 자신의 착한 일은 잊어버리는 사람이며, 악한 사람은 자신의 착한 일은 기억하고 자신의 잘못은 잊어버리는 사람"이라고 합니다. 이는 진정한 선인이란 자신의 행동을 드러내지 않고 조용히 바르게 행동하는 사람이라는 의미를 내포하고 있습니다.

따라서 자기 자신의 행동을 성찰하고 착한 행동을 지속적으로 실천함으로써, 우리는 개인의 행복뿐만 아니라 공동체의 선을 위한 기여도 할 수 있다는 점을 기억해야 합니다.

진정한 선인은 자신의 허물을
기억하고 착한 일을 통해 복을 누린다.

올바른 인성 만들기를 위한 실천

◇ 자신의 잘못을 인정하고 개선하려는 태도 취하기

◇ 작은 선행도 당연하게 여기고 자랑하지 않기

◇ 다른 사람의 처지에서 생각하고 배려하기

* 자(子) : 남자에 대한 높임말로서, 이 글에서는 공자(孔子)를 가리킴.

* 위선자(爲善者) : 착한 일을 하는 사람.

* 지이복(之以福) : ~로 보답하다.

* 위불선자(爲不善者) : 착하지 않은 일을 하는 사람.

2 —— 선은 행하고, 악은 멀리하라

한 소 열　　장 종　　칙 후 주 왈
漢昭烈이 將終에 勅後主 曰

물 이 선 소 이 부 위　　　물 이 악 소 이 위 지
勿以善小而不爲하고 勿以惡小而爲之하라

한나라 소열 황제가 죽음을 앞두고 아들(후주)에게 말하기를
"착한 일은 아무리 작더라도 반드시 하고 나쁜 일은 아무리
작더라도 결코 해서는 안 된다."라고 하였습니다.

이 말씀은 작은 행동들이 모여 우리의 삶과 주변에 큰 영향을 미친다는 점을 강조합니다. 한나라 소열 황제가 아들에게 남긴 이 가르침은 아무리 작은 착한 일이라도 반드시 실천하고, 아무리 사소한 나쁜 일이라도 절대로 하지 말라는 뜻을 담고 있습니다.

작은 선행은 그 자체로는 눈에 띄지 않더라도, 꾸준히 쌓이면 나와 주변 사람들에게 큰 긍정적인 변화를 불러올 수 있습니다. 예를 들어, 친구를 도와주거나 바른 행동을 하는 소소한 선행들이 결국 큰 결과로 이어질 수 있습니다.

반면, 작은 나쁜 행동이나 잘못된 선택은 처음에는 대수롭지 않게 느껴질 수 있지만, 반복되면 습관이 되고 결국 큰 문제로 발전할 수 있습니다.
청소년 시기에는 특히 이러한 작은 행동들이 나의 성격과 인생에 큰 영향을 미치기 때문에, 언제나 신중하고 바르게 행동하는 것이 필요합니다.

작은 선행은 늘 실천하고
나쁜 행동은 절대 간과하지 말라.

올바른 인성 만들기를 위한 실천

◇ 작은 선행을 오늘 두 가지 이상 학교에서 실천하기

◇ 올바른 습관을 다지기 위한 리스트 작성하기

◇ 잘못된 행동에 대해 리스트를 작성하고 반성하기

* 한소열(漢昭烈) : 중국 삼국시대 촉한(蜀漢)을 세운 유비를 말함. 평민 출신으로 제갈량, 관우,

  장비, 조자룡 등의 도움으로 나라를 세우고 황제의 자리까지 올랐음.

* 장종(將終) : 죽으려 할 때를 말함.

* 후주(後主) : 촉한의 2대 황제로 유비의 아들인 유선을 이르는 말.

* 이선소(以善小) : 착한 일이 작은 것이라고 해서

3 —— 착한 일만 생각하라

莊子曰,

一日不念善이면 諸惡이 皆自起니라

장자가 말하기를, "하루라도 착한 일을 생각하지 않으면 온갖
나쁜 일이 저절로 생겨난다"라고 하였습니다.

어른이 되기 위한 지혜의 숲

이 말씀은 착한 마음과 행동을 지속적으로 실천하는 것이 얼마나 중요한지를 강조합
니다. 장자는 하루라도 착한 일을 생각하지 않으면 그 빈자리에 나쁜 생각과 행동이
자리 잡을 수 있다고 경고했습니다.
이는 선한 마음을 유지하지 않으면 악한 마음이 자리 잡고 잘못된 행동을 하게 될 가
능성이 커진다는 것을 의미합니다.

청소년 시기에는 올바른 가치관과 행동을 유지하는 것이 매우 중요합니다. 매일 자신
의 행동을 돌아보고 착한 마음을 실천하려는 노력이 필요합니다. 이러한 습관이 형성
될 때, 우리는 보다 건전한 인간으로 성장할 수 있습니다.

작은 착한 행동을 소홀히 할 경우, 그 빈자리에 나쁜 습관이 자리 잡을 수 있음을 항
상 기억해야 합니다. 예를 들어, 친구에게 친절을 베풀거나 어려운 사람을 돕는 작은
행동들이 쌓이면 결국 큰 변화를 이끌어낼 수 있습니다.

착한 마음을 지속하지 않으면,
그 빈자리에 악한 마음이 스며든다.

올바른 인성 만들기를 위한 실천

◇ 하루에 한 가지 이상 도움이 필요한 친구를 찾아 도와주기

◇ 매일 자기 전에 하루를 돌아보는 일기 쓰기

◇ 지역이나 학교 자원봉사 활동 참여하기

* 장자(莊子) : 중국 전국시대의 사상가로, 사람들은 자연의 법칙에 따라 살아가야 한다는
  무위자연설을 주장하였다.

* 염선(念善) : 착한 일을 생각하다.

* 제악(諸惡) : 온갖 악.

* 자기(自起) : 저절로 일어난다.

4 ── 선은 목마름처럼, 악은 귀머거리처럼

太公曰, 見善如渴하고 聞惡如聾하라

又曰 善事란 須貪하고 惡事란 莫樂하라

태공이 말하기를 "착한 일을 보거든 목마른 사람이 물을
마시듯이 하고 나쁜 일을 듣거든 귀먹은 것처럼 못 들은 듯이
하라." 또 말하기를 "착한 일은 욕심을 내서하고 나쁜 일은
즐거워하지 말라."라고 하였습니다.

어른이 되기 위한 지혜의 숲

태공은 착한 일을 마치 목마른 사람이 물을 마시는 것처럼 소중히 여겨야 한다고 강조했습니다. 매일 착한 일을 실천하는 것은 결코 쉬운 일이 아니지만, 우리가 악한 일을 멀리하는 것만으로도 더 많은 선한 기회를 가질 수 있습니다.

반면, 악한 일을 보고도 무시하거나 착한 일을 할 기회를 놓치게 되면, 우리는 점차 나쁜 행동을 따르게 되고 올바른 마음가짐을 키우기 어려워질 수 있습니다.
태공은 착한 일과 악한 일을 명확히 구분하고, 악한 일은 피하며 착한 일은 적극적으로 실천하는 태도가 중요하다고 역설했습니다.

따라서 우리는 매일의 작은 착한 행동이 쌓여 우리의 인격과 가치관을 형성하는 데 중요한 역할을 한다는 점을 잊지 말아야 합니다.

선을 보거든 망설이지 말고 실천하고,
악은 마음조차 주지 말아야 한다.

올바른 인성 만들기를 위한 실천

◇ 착한 행동의 중요성을 인식하고 실천하기

◇ 나쁜 행동에 대해 무관심한 태도 가지기

◇ 긍정적인 환경 조성하기

* 여갈(如渴) : 목마를 때 물 마시듯 하다. * 문악(聞惡) : 나쁜 일을 듣다.

* 여롱(如聾) : 귀머거리가 된 듯이 하다. * 수탐(須貪) : 모름지기 탐하다.

5 ── 선은 채우기 어렵고, 악은 쉽게 남는다

마원 왈
馬援이 曰,

종신행선　　　선유부족　　　일일행악　　　악자유여
終身行善이라도 善猶不足이요 一日行惡이라도 惡自有餘니라

> 마원이 말하기를, "한평생 착한 일을 행하여도 착한 것은 오히려
> 부족하고 악한 일은 단 하루만 하여도 그대로 남아 사라지지
> 않는다."하였습니다.

착한 일은 평생 동안 해도 부족할 만큼 많지만, 악한 일은 단 한 번만 저질러도 평생
후회할 수 있습니다. 우리는 매 순간 착한 일을 찾으며 살 수는 없을지라도, 학교, 가
정, 친구들과의 관계 속에서 순간순간 마주치는 선한 행동의 기회를 발견하고 실천하
는 것은 충분히 가능합니다.

반면, 작은 악행이라도 저지르게 되면 그 잘못은 금세 다른 사람들에게 알려지고, 이
를 회복하는 데는 많은 시간과 노력이 필요합니다. 악한 행동의 여파는 예기치 않게
확대될 수 있으며, 관계의 신뢰를 훼손하는 결과를 초래할 수 있습니다.

결국, 아무리 열 번 잘한 일이 있어도 단 한 번의 잘못된 행동은 그 모든 선행을 쉽게
잊히게 만들 수 있습니다. 나의 선한 행동은 결국 나 자신을 형성하는 동시에, 더 나아
가 사회에 대한 책임감을 갖고 행동하는 성숙한 인격으로 이어질 것입니다.

착한 일은 평생 해도 부족하지만,
악한 일은 단 한 번의 실수로 평생 후회할 수 있다.

올바른 인성 만들기를 위한 실천

◇ 가족에게 감사의 마음을 표현하기

◇ 친구가 나쁜 행동을 하자고 할 때는 단호히 거절하기

◇ 오늘은 어떤 선한 행동을 할 수 있을지 계획하기

* 마원(馬援) : 중국 후한(後漢) 때의 장군으로, 왕망의 신나라를 쳐부수고 후한을 세운 광무제(光武帝)에 의해 복파장군(伏波將軍)으로 임명되어 지금의 인도차이나반도 지방을 정벌하고, 흉노를 토벌하는 등 많은 무공을 세웠음.

* 종신(終身) : 평생토록.　* 선유불족(善猶不足) : 착함은 오히려 부족하다.

6 ── 은혜와 의리를 베풀고 원한은 맺지 말라

景行錄에 曰,

恩義는 廣施하라 人生何處不相逢이랴

讐怨은 莫結하라 路逢狹處면 難回避니라

『경행록』에 말하기를, "사람들에게 은혜와 의리를 베풀며
살아라. 사람이 살다 보면 어느 곳에서든 서로 만나기 마련이니
사람들과 원수지간이 되지 말라. 좁은 길에서 서로 만나면
피하기가 어려울 것이다."라고 하였습니다.

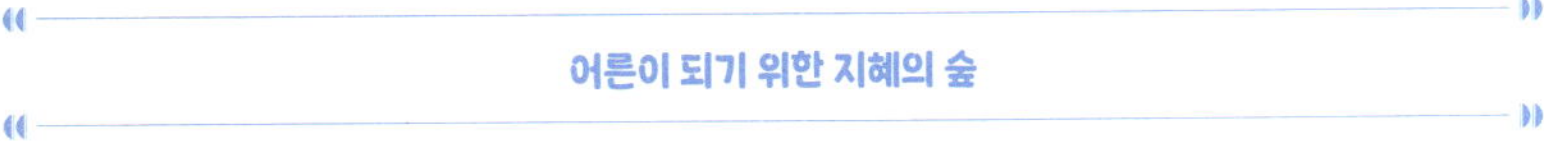

어른이 되기 위한 지혜의 숲

우리는 혼자서는 세상을 살아갈 수 없으며, 친구의 도움, 부모님의 사랑, 선생님의 은혜 등 의도치 않게 받은 도움들이 삶의 중요한 부분을 차지합니다.

그러므로 우리는 받은 은혜에 대해 감사하고, 그에 상응하는 보답을 해야 합니다. 주변에 나보다 힘든 상황에 있는 사람에게 도움과 의리를 베풀면, 언젠가는 그 보답이 돌아올 것입니다.

반면, 누군가와 원수처럼 지내거나 원한을 맺게 되면, 이는 결국 우리에게 좋지 않은 결과로 돌아올 수 있습니다. 악의적인 감정이나 행동은 단순한 개인의 문제가 아니라, 우리 삶의 전반에 부정적인 영향을 미치는 요소로 작용합니다.

따라서 우리는 악한 말과 행동을 피하고, 서로 간에 원한이 생기지 않도록 노력해야 합니다. 대신, 이는 개인의 성장뿐만 아니라, 사회의 발전에도 기여하는 길임을 명심해야 합니다.

우리는 서로의 도움으로 살아가며,
선한 관계를 맺는 것이 올바른 성장의 지름길이다.

올바른 인성 만들기를 위한 실천

◇ 감사하는 마음 갖기

◇ 좋은 소식이나 기쁜 일에 함께 축하해 주기

◇ 자원봉사 활동이나 학교 행사에 참여해 보기

* 《경행록(景行錄)》 : 중국 송나라 때 지어졌다고 전해지는 책이다. 경행록에 기록된 말씀들이 명심보감에 수록되어있다.

* 은의(恩義) : 은혜와 의리.　* 광시(廣施) : 널리 베풀다.

* 하처(何處) : 어느 곳.　* 수원(讐怨) : 원수와 원한.

* 막결(莫結) : 맺지 마라.　* 협처(狹處) : 좁은 곳.

7 ── 착하게 하든 악하게 하든 착하게 대하라

莊子曰於我善者는 我亦善之하고

於我惡者는 我亦善之니라

我旣於人에 無惡이면 人能於我에 無惡哉인저

> 장자가 말하기를, "나에게 착한 일을 하는 자에게도 나 또한
> 착하게 대하고 나에게 악한 일을 하는 자에게도 나 또한 착하게
> 할 것이다. 내가 이미 남에게 악하게 하지 않았으면 그 사람도
> 나에게 악하게 할 수 없을 것이다."라고 하였습니다.

어른이 되기 위한 지혜의 숲

위의 말씀은 올바른 어른이 되기 위해서는 남을 대하는 태도에서 큰 지혜를 배울 수 있음을 의미합니다.

세상에는 착한 사람과 악한 사람이 정해진 것이 아니라, 관계 속에서 달라질 수 있습니다. 우리는 보통 나에게 잘해주는 사람과는 가까이하고, 그렇지 않은 사람과는 멀어지려 하지만, 진정한 성장은 나를 좋지 않게 대하는 사람에게도 인내와 친절로 대할 때 이루어집니다.

비록 그것이 어렵고 힘든 과정일 수 있지만, 결국 진심은 통하게 마련이며 관계는 변화할 수 있습니다. 그러므로 우리는 평소 친구를 소중히 여기고, 어려운 시기 서로에게 힘이 되어주는 관계를 만들어야 합니다. 힘들 때 곁에 있어 주는 친구는 인생의 큰 복이며, 이런 관계를 소중히 여기는 것이 올바른 어른으로 성장하는 길입니다.

나에게 악한 이에게도 선을 베풀면,
그 진심이 결국 마음을 움직인다.

올바른 인성 만들기를 위한 실천

◇ 친절함으로 관계 확장하기

◇ 소중한 친구와의 소통의 시간 가지기

◇ 모두를 존중하는 태도 기르기

* 어이선자(於我善者) : 나에게 잘해주는 사람.

* 아역선지(我亦善之) : 나도 착하게 대할 것이다.

* 어인(於人) : 남에게.

* 재(哉) : '~없을 것이다', '~있겠는가'의 뜻으로, 보통 말의 끝에 쓰인다.

제2장

천명편
天命篇

하늘의 뜻에 따르라

천명(天命)이란 '하늘의 명령'이라는 뜻입니다.
옛 사람은 하늘이 인간의 생사와 화복을 결정한다고 믿었습니다.
선한 자를 보호하고 악한 자를 응징하는 절대자의 위치에서
인간의 윤리를 관장하고 선을 지키며 악을 버리는 것이
하늘의 명령이며 섭리라는 것을 깨닫고
사람으로서 해야 할 도리를 다하는
어른으로 성장하기를 바랍니다.

1 —— 하늘의 뜻에 따르라

孟子曰

順天者는 存하고 逆天者는 亡이니라

맹자가 말씀하기를, "하늘의 뜻을 따르는 사람은 살고 하늘의
뜻을 거스르는 사람은 죽는다."라고 하였습니다.

이 말씀은 자연의 법칙과 도덕적 원리, 즉 '하늘의 뜻'을 따르는 사람은 번영하고, 이를 거스르는 사람은 결국 실패한다는 깊은 교훈을 담고 있습니다. 여기서 말하는 '하늘의 뜻'은 단순한 자연 현상을 넘어 정의, 도덕, 인의(仁義)와 같은 보편적 가치를 의미합니다.

맹자는 이러한 가치를 따르는 것이 올바른 삶의 길이라 강조했습니다.

우리는 자연의 이치와 도덕적 규범을 존중하며 살아야 하며, 하늘의 뜻을 따르는 삶은 개인의 번영은 물론 사회의 평화와 안정에도 기여합니다. 반대로, 이익만을 좇고 정의를 외면하는 삶은 결국 자신과 사회 모두에게 해를 끼칩니다.

맹자는 인간이 욕심보다 정의와 도덕을 우선시할 때 지속 가능한 삶과 진정한 번영이 가능하다고 가르쳤습니다.

따라서 인간은 자신의 욕심보다는 정의와 도덕을 우선으로 삼고, 이를 바탕으로 살아가야만 개인과 사회가 모두 번영할 수 있다는 것을 일깨워주고 있습니다.

진짜 멋진 삶은 내 욕심만 따르지 않고,
올바른 행동과 마음을 지키며 살아가는 것이고,
그런 삶이 바로 하늘이 바라는 길이다.

올바른 인성 만들기를 위한 실천

◇ 일상생활에서 정직함, 배려, 책임감 등 도덕적 가치 실행하기

◇ 재활용, 에너지 절약 등 자연을 훼손하지 않는 행동을 실천하기

◇ 독서, 토론, 다양한 의견을 경청하는 활동에 참여하기

* 맹자(孟子) : 공자와 더불어 유가의 대표적인 사상가이자 교육가이다. 중국 전국시대의 사상가로

  공자의 인(仁) 사상을 발전시켜 성선설(性善說)을 주장하였으며, 이를 바탕으로 왕도정치에 의한

  이상적인 세계의 건설을 지향하였다.

* 순천자(順天者) : 하늘의 뜻을 따르는 사람.

* 역천자(逆天者) : 하늘의 뜻을 거스르는 사람.

2 ── 하늘은 사람의 마음속에 있다.

邵康節先生이 曰

天廳이 寂無音하니 蒼蒼何處尋고

非高亦非遠이라 都只在人心이니라

소강절 선생이 말씀하기를, "하늘은 고요하여 소리가 없으니
푸르고 푸른 곳 어디에서 하늘을 찾을 수 있겠는가? 하늘은
높은 곳에 있지도 않고 먼 곳에 있는 것도 아닌 모두가 사람의
마음속에 있느니라."라고 하였습니다.

어른이 되기 위한 지혜의 숲

소강절 선생은 하늘이 멀리 있는 것이 아니라 우리 마음속에 있다고 했습니다. 마음은
우리를 이끄는 주인이지만, 눈에 보이지도, 만질 수도 없는 무형의 존재입니다.

불교에는 이를 잘 보여주는 일화가 전해집니다. 한 사람이 괴로운 마음을 스님에게 털
어놓자, 스님은 "그 마음을 꺼내라, 내가 고쳐주겠다"고 말했습니다.
"보이지 않는 마음을 어떻게 꺼내나요?"라는 질문에 스님은 "그 보이지 않는 것 때문
에 왜 괴로워하느냐"고 답합니다. 이는 감정에만 휘둘리지 말고 스스로 마음을 다스
려야 한다는 깨우침입니다.

결국, 마음을 어떻게 바라보고 다스리느냐에 따라 세상은 기쁨이 될 수도, 고통이 될
수도 있습니다. 하늘은 저 멀리 있는 것이 아니라, 우리 마음속에 있음을 기억하며, 선
한 마음과 올바른 행동으로 자신의 하늘을 맑게 가꾸어가야 합니다.

마음이 곧 하늘이며, 우리의 행복은
마음을 어떻게 다스리느냐에 달려 있다.

올바른 인성 만들기를 위한 실천

◇ 매일 시간을 정해 자신의 감정과 생각을 돌아보는 습관 만들기

◇ 호흡 운동이나 간단한 요가를 통해 마음을 다스리기

◇ 친구를 도와주거나, 봉사 활동에 참여하기

---

* 소강절(邵康節) : 송나라 때의 사상가로 이름은 옹(雍)이며, 자는 요부(堯夫), 시호가 강절(康節)이다. 그는 송나라 때의 대표적인 유학자로 도가의 학문과 수리학에 두루 통하여 우주 자연의 원리에 밝았다.

* 천청(天廳) : 하늘이 듣는다.

* 하처심(何處尋) : 어디에서 찾을까.

* 도지(都只) : 모두 오직.

3 ─── 하늘은 우리의 말과 마음을 들여다본다

현제수훈에 曰
玄帝垂訓에 曰

인간사어라도 천청은 약뢰하고
人間私語라도 天聽은 若雷하고

암실기심이라도 신목은 여전이니라
暗室欺心이라도 神目은 如電이니라

현제의 《수훈》에 말하기를, "사람의 사사로운 말도 하늘이 듣는 것은 우레와 같으며 어두운 방 안에서 마음을 속일지라도 신의 눈은 번개와 같으니라."라고 하였습니다.

위의 말씀은 세상에 비밀이 없으며, 가까운 친구와 나누는 사적인 대화조차도 조심해야 한다는 점을 강조합니다. 상대방을 속이는 말은 결국 언젠가 드러나기 마련입니다. 우리의 속담인 "낮말은 새가 듣고 밤의 말은 쥐가 듣는다."는, 아무도 듣지 않을 것이라는 착각 속에서 신중하지 않게 행동하거나 잘못된 언행을 할 경우, 결국 자신의 가치를 떨어뜨리는 결과로 이어질 수 있음을 경고합니다.

우리는 양심을 속일 수 있을지 몰라도, 하늘과 땅, 그리고 사람들의 눈은 진실을 알고 있습니다. 거짓은 언젠가 드러나기 마련이므로, 항상 부끄럽지 않은 말과 행동으로 정직하게 살아가야 합니다.
항상 자신의 말과 행동에 책임을 느끼고, 정직하고 성실하게 살아가는 것이 얼마나 중요한지를 기억해야 합니다. 그런 태도는 자신을 지키는 길이자, 신뢰받는 어른으로 성장하는 밑거름이 됩니다.

진실은 하늘과 땅이 알고,
거짓은 결국 드러나기 마련이니,
말과 행동에 항상 책임을 다하라.

올바른 인성 만들기를 위한 실천

◇ 정직한 말과 행동을 유지하기

◇ 소셜미디어에서 신중하게 행동하기

◇ 남을 험담하거나 비방하지 않기

---

* 현제(玄帝) : 도교에서 받들어 모시는 신선으로 현천상제(玄天上帝)라고도 한다.

* 사어(私語) : 드러나지 아니하게 가만히 속삭임. 또는 그런 말.

* 기심(欺心) : 자기의 양심을 속임.

4 ─── 심은 대로 거두는 하늘의 섭리

種瓜得瓜요 種豆得豆니

天網이 恢恢하여 疎而不漏니라

> "오이씨를 심으면 오이씨를 얻고 콩을 심으면 콩을 얻으니,
> 하늘의 그물은 넓고도 넓어 듬성듬성하지만 새지는
> 않는다."라고 하였습니다.

우리 속담에 "콩 심은 데 콩 나고, 팥 심은 데 팥 난다"라는 말이 있습니다. 오이를 심어 놓고 가지가 나기를 기다리거나, 콩을 심어 놓고 팥이 나기를 바라는 것은 어리석은 일입니다. 마찬가지로, 사람도 자신의 행동에 따라 결과가 달라진다는 것을 인식해야 합니다.

착한 일을 하면 좋은 결과를 얻고, 나쁜 행동을 하면 그에 따른 벌을 받는 것이 바로 하늘의 뜻입니다. 남에게 나쁜 짓을 하고도 복을 바라거나, 노력하지 않고 좋은 삶을 기대하는 것은 결국 불가능하다는 것을 깨달아야 합니다.

또한, 악한 일을 저지르고 적당히 빠져나가려는 사람은 하늘이 결코 용서하지 않는다는 점을 명심해야 합니다. 결국, 우리의 행동은 결과로 이어지며, 우리는 그에 대한 책임을 져야 함을 잊지 말아야 합니다.

우리가 오늘 뿌린 생각과 행동의 씨앗은,
내일의 삶이라는 열매로 반드시 맺히게 된다.

올바른 인성 만들기를 위한 실천

◇ 매일 작은 일부터 정직하게 행동하는 것을 실천하기

◇ 지역 사회나 학교에서 하는 봉사 활동에 적극적으로 참여하기

◇ 목표를 세우고 달성한 후, 이를 기록하는 성취 노트를 만들기

* 종두득두(種豆得豆) : 콩을 심으면 콩이 난다.

* 천망(天網) : 하늘이 친 그물.

* 회의(恢恢) : 넓고 넓음.

* 소이불루(疏而不漏) : 그물이 듬성듬성하여 샐 것 같지만 새지 않음.

제3장

순명편
順命篇

부귀영화가 하늘에 있으니 분수에 맞게 살아라

순명(順命)은
단순히 운명에 순응하라는 의미가 아닙니다.
자신의 운명을 개척할 수 없다는 가르침이 아니라,
지나친 욕심과 경쟁을 피하고,
하늘과 자연의 섭리를 거스르지 않으며,
분수와 질서를 지키고,
사람으로서 해야 할 도리를 다하라는 것입니다.

1 —— 사람의 운명과 부와 귀함은 하늘에 섭리

자 왈
子曰

사 생 유 명　　부 귀　　재 천
死生有命이오 富貴는 在天이니라

어른이 되기 위한 지혜의 숲

이 말씀은 인생의 운명과 부귀가 우리의 의지와 노력만으로 조절할 수 없음을 강조합니다. 그러나 우리는 단순히 운명에 순응하는 것만으로는 안 됩니다.

공자께서 언급한 하늘의 뜻은 자연의 이치를 존중하고, 자신의 본분을 지키며 살아가라는 깊은 의미를 담고 있습니다. 이는 욕심을 버리고 분수를 지키며 성실하게 살아야 한다는 교훈입니다.

우리에게 주어진 자유의지는 불행한 환경 속에서도 긍정적으로 운명을 변화시킬 수 있는 힘을 줍니다. 이는 자신이 처한 상황에 굴복하지 않고 능동적으로 대처할 수 있는 자세를 요구합니다.

부귀와 성공을 위해 지속적인 노력이 필요하지만, 성공과 실패를 모두 하늘의 뜻으로 받아들여야 합니다. 이를 통해 우리는 겸손과 진정한 인성을 기를 수 있으며, 타인에게 긍정적인 영향을 미치는 삶을 살 수 있음을 알아야 합니다.

운명은 하늘에 달렸지만,
자유의지로 그 운명을 바꾸는 힘은 자신에게 달려있다.

올바른 인성 만들기를 위한 실천

◇ 자신의 강점과 약점을 적어보는 시간을 가지기

◇ 자신이 이루고 싶은 목표를 구체적으로 적어보기

◇ 매일 감사한 일을 세 가지씩 기록하는 감사 일기 써보기

* 사생(死生) : 죽는 것과 사는 것.   * 유명(有命) : 운명에 있다.

* 부귀(富貴) : 재산이 많고 지위가 높음. * 재천(在天) : 하늘에 있음.

2 —— 자신의 분수를 알라

만사　　분이정　　　부생　　공자망
萬事가 分已定이어늘　浮生이 空自忙이니라

> "모든 일은 분수가 이미 정해져 있는데 세상 사람들은 부질없이
> 스스로 바쁘게 움직인다."라는 말입니다.

어른이 되기 위한 지혜의 숲

이 말씀은 세상의 모든 일이 큰 힘에 의해 정해져 있음을 강조합니다. 하지만 많은 사람들이 자신의 상황이나 분수를 인식하지 못한 채 바쁘게 살아가고 있습니다.
운명은 하늘에 의해 정해지지만, 이를 인식하지 않고 성찰 없이 살면 중요한 것들을 잃게 될 위험이 있습니다.

자기 성찰은 이때 중요한 역할을 합니다. 자신의 잘못을 인식하고 반복하지 않으려는 의지는 스스로를 다스리는 힘이 됩니다. 이러한 자기 통제는 깊고 넓은 인격 형성의 기초가 됩니다. 성찰을 통해 우리는 자신을 더 깊이 이해하고, 더 나은 방향으로 성장할 수 있습니다.

자기 성찰과 분수를 아는 것은 진정한 성장을 위한 필수적인 과정입니다. 자신의 모습을 돌아보고, 올바른 목표를 설정하는 시간이 필요합니다. 이를 통해 삶의 의미를 더욱 깊이 있게 느낄 수 있습니다.

자신을 돌아보고 분수를
지키는 것이 올바른 삶의 시작이다.

◇ 매일 10분씩 자기 자신에 대해 생각하는 시간을 가지기

◇ 일주일에 한 번, 자신이 일주일 동안 했던 활동을 돌아보기

◇ 매주 스스로에 대한 점수를 매기는 평가 시스템을 만들어보기

＊ 만사(萬事) : 많은 일. 온갖 일.

＊ 분이정(分已定) : 분수가 이이 정해져 있음.

＊ 부생(浮生) : 덧없는 인생.

＊ 공자망(空自忙) : 스스로 바쁘게 움직인다.

3 ── 화는 피할 수 없고, 복은 다시 찾기 어렵다

景行錄에 云하기를

禍不可倖免이요 福不可再求니라

『경행록』에 이르기를 "다가오는 화는 요행으로 피해 갈 수 없고
놓쳐 버린 복은 두 번 다시 구할 수 없다."라고 하였습니다.

송나라 때 간행된 『경행록』에는 "다가오는 재앙은 요행으로 피할 수 없고, 놓친 복은
다시 구할 수 없다"는 말이 있습니다. 이는 재앙은 단순히 피하고 싶다고 피할 수 없
고, 복도 원한다고 해서 쉽게 얻어지는 것이 아님을 의미합니다.
그래서 중요한 것은 미리 재앙을 예방하고, 복을 받았을 때 그것을 오래 누릴 수 있도
록 올바르게 살아가는 일입니다.

우리는 모두 선과 악 사이에서 갈등하며 살아갑니다. 선한 의지를 실천하면 행복에 가
까워지고, 악한 마음을 따르게 되면 결국 불행에 이르게 됩니다. 재앙을 피하고 복을
얻고 싶다면, 무엇보다 선한 마음과 바른 행동을 실천하는 것이 우선입니다.
청소년 여러분은 이 교훈을 마음에 새기고, 신중하고 성숙한 선택을 하며 살아가기를
바랍니다. 지금의 작은 선택들이 쌓여 여러분의 인생을 만들고, 나아가 더 나은 사회
를 이루는 밑거름이 될 것입니다.

나쁜 일이 닥치기 전에 조심하고,
좋은 기회는 놓치지 않도록 하라.

올바른 인성 만들기를 위한 실천

◇ 사소한 선택부터 신중하게 하기

◇ 매일 최소한 한 명의 친구에게 격려의 말을 전하기

◇ 하루에 한 번, 자신의 실수를 돌아보는 시간을 가지기

* 불가(不可) : ~을 할 수 없다.

* 행면(倖免) : 요행으로 벗어나다.

* 재구(再求) : 두 번 다시 구하다.

4 ── 사람의 인생사라는 것은

列子曰

痴聾痼瘂도 家豪富요　智慧聰明도 却受貧이라

年月日時該載定하니 算來由命不由人이니라

> 열자가 말하기를 "어리석은 귀머거리와 말 못하는 벙어리라도
> 집은 큰 부자일 수 있고 지혜롭고 총명한 사람이라도 집은
> 도리어 가난할 수 있다. 운수는 해와 달과 날과 때가 모두
> 정해져 있으니 따져보면 삶은 운명으로부터 나오는 것이지
> 사람으로부터, 나오는 것은 아니다."라고 하였습니다.

어른이 되기 위한 지혜의 숲

열자는 부와 가난, 지혜와 무지의 관계를 통해 우리가 사는 세상의 이치를 잘 설명합니다. 그는 어리석은 사람도 큰 부자가 될 수 있고, 지혜로운 사람도 가난할 수 있다고 말하며, 인생의 결과가 단지 능력이나 노력만으로 결정되지 않음을 경고합니다.

이는 운명이나 외부 요인이 우리의 삶에 얼마나 큰 영향을 미치는지를 보여줍니다. 따라서 우리는 결과를 오직 자신의 노력 탓으로만 돌리기보다, 운명이라는 더 큰 흐름을 인정하고 받아들일 필요가 있습니다. 그렇다고 모든 것이 정해져 있으니 아무것도 하지 말라는 뜻은 아닙니다. 오히려 열자는 자연의 순리를 따르되, 자신의 운명을 개선하기 위한 끊임없는 노력이 중요하다고 말합니다.

결국 중요한 것은 긍정적인 태도와 끊임없는 실천입니다. 여러분의 선택과 행동이 미래를 만들고, 그 과정 속에서 진정한 성장과 꿈의 실현이 이루어질 수 있음을 잊지 마십시오.

부와 재능은 운명에 달려 있지만,
희망과 노력은 자신의 미래를 만들어간다

올바른 인성 만들기를 위한 실천

◇ 자기계발을 위해 독서, 온라인 강의, 혹은 취미 활동에 참여하기

◇ 어려운 상황에서도 긍정적인 마음가짐을 유지하도록 노력하기

◇ 오늘 하루 반성해야 할 것들 3가지 적어보기

* 열자(열자) : 중국 전국시대의 정나라 사람으로 이름은 어구(어구)이며, 노장사상을 이어받아 도가의 사상을 발전시킨 사상가이다.

제4장

효행편
孝行篇

부모님께 효도와 행실로 도리를 다해라

효행(孝行)에서는 효에 관한 행동의 글입니다.
언제 어디서든 부모님 생각을 잊지 않고,
부모님께서 걱정하실 일은 만들지 않으며,
감사하는 마음을 잊지 않는 것입니다.
밝은 얼굴로 자주 찾아뵙고 보살펴드리는 것이,
살아 계실 때 가능한 효도임을 잊지 말고
작은 효도라도 극진히 행하여
올바른 어른으로 성장하기를 바랍니다.

1 —— 하늘처럼 끝이 없는 부모님 은혜

시 왈 부 혜 생 아   모 혜 국 아
時曰, 父兮生我하시고 母兮鞠我하시니

애 애 부 모   생 아 구 로   욕 보 심 은   호 천 망 극
哀哀父母여 生我劬勞하셨다 欲報深恩인데 昊天罔極이로다

> 『시경』에서 말하기를, "아버지 나를 낳으시고 어머니 나를
> 기르셨으니 애달프구나. 부모님이시여 나를 낳아 기르시느라
> 애쓰고 수고하셨도다. 그 깊은 은혜를 갚고자 해도 하늘처럼
> 다함이 없도다."라고 하였습니다.

어른이 되기 위한 지혜의 숲

이 구절은 부모의 헌신과 그에 대한 자녀의 감사함을 표현하고 있습니다. 아버지가
자녀를 낳고, 어머니가 자녀를 기르는 과정에서 부모는 엄청난 노력을 기울입니다. 그
결과, 자녀는 자신의 존재와 성장에 대해 깊은 감사함을 가지게 되는 것입니다.

"애달프구나"라는 표현은 부모님의 수고와 희생에 대한 안타까운 마음을 드러내며,
그들의 사랑과 헌신이 얼마나 큰지를 강조하고 있습니다.
자녀는 부모의 은혜를 갚고 싶지만, 그 사랑과 희생의 크기는 하늘처럼 무한하다는
것을 깨닫습니다. 이는 부모님의 사랑이 단순한 행위가 아니라, 자녀의 삶에 있어서
근본적인 존재 이유임을 뜻합니다.

결국, 우리는 부모님의 사랑과 헌신을 기억하고, 그에 보답하기 위해 올바르게 성장해
야 합니다.

부모님의 사랑은 어떤 조건도
필요 없는 은혜이며, 인생에서 가장 위대한 축복은
그런 사랑을 베풀고 전할 수 있는 부모가 되는 것이다.

올바른 인성 만들기를 위한 실천

◇ 부모님께 감사의 마음을 자주 표현하기

◇ 청소, 요리, 장보기 등을 함께 하면서 부모님 도와주기

◇ 학업 및 목표에 최선을 다해 부모님께 기쁨을 드리기

* 시경(詩經) : 중국 고대의 은나라 때부터 춘추시대까지의 민요를 중심으로 엮은 중국의 오랜

   시집으로, 3천여 편의 시 중에서 공자가 311편을 추린 것이다. 현재 305편만 전해지고 있다.

* 생아(生我) : 나를 낳다.　　* 국아(鞠我) : 나를 기르다.

* 구로(劬勞) : 애쓰고 수고하다.　* 욕보(欲報) : 보답하려 하다.

2 —— 부모를 섬기는 다섯 가지 마음

子曰,

孝子之事親也에 居則致其敬하고 養則致其樂하고

病則致其憂하고 喪則致其哀하고 祭則致其嚴이니라

공자가 말하기를, "효자가 어버이를 섬기는 것은 기거할 때는
공경을 다하고, 봉양할 때는 즐거움을 다하고, 병이 들었을 때는
근심을 다하고, 돌아가셨을 때는 슬픔을 다하고, 제사가 있을
때는 엄숙함을 다하는 것이다."라고 하였습니다.

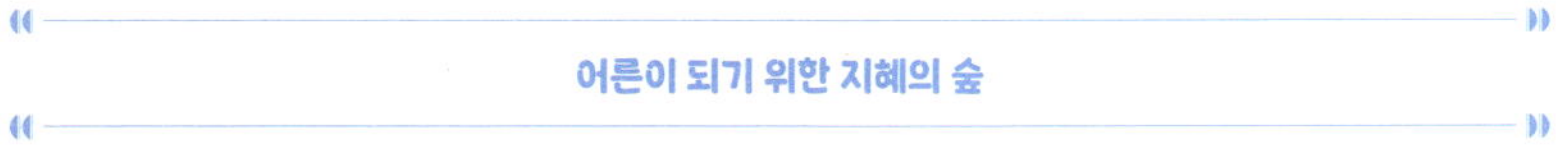

어른이 되기 위한 지혜의 숲

공자께서는 부모님을 섬기는 방법에 대해 다섯 가지 중요한 예를 들며 효도의 의미를
강조하셨습니다.

부모님이 살아 계실 때는 마음속에서 극진히 공경해야 하고, 부모님이 노년에 접어들
어 봉양할 때는 그들의 마음을 즐겁게 해드려야 합니다.

부모님이 병들어 계실 때는 빠른 회복을 위해 최선을 다해 돌보아 드려야 하며, 부모
님이 돌아가셨을 때는 슬픔을 가득 담아 애도해야 합니다.

마지막으로, 부모님 제사를 지낼 때는 그 자리를 엄숙하게 대하고 경의를 표해야 한
다는 것입니다.

아직은 부모님의 사랑과 보호를 받으며 성장하는 시기이지만, 훗날 어른이 되었을 때
는 정성으로 키워주신 부모님의 은혜에 감사하고, 효도로 그 은혜를 보답하는 것이
자식으로서의 당연한 도리임을 잊지 말아야 합니다.

인격은 모든 이의 아픔에 공감하는 마음에서 비롯되며,
그 시작은 부모님께 드리는 경의와 사랑에서 출발한다.

◇ 부모님과 매일 또는 주기적으로 대화하는 시간을 갖기

◇ 부모님께 감사의 편지를 작성하여 감사의 마음을 표현하기

◇ 부모님이 집안일이나 일상적인 일에 자발적으로 도와드리기

* 사친(事親) : 어버이를 섬김.

* 치기경(致其敬) : 공경을 다함.

* 치기락(致其樂) : 즐거움을 다함.

3 —— 부모님께 반드시 행선지를 남겨라

子曰

父母在이시면 不遠遊하며 遊必有方이니라

> 공자가 말하기를, "부모가 살아 계시거든 멀리 떨어져 놀지 말
> 것이며 놀러 나갈 때는 반드시 가는 곳을 알려야 하느니라."
> 하였습니다.

어른이 되기 위한 지혜의 숲

공자는 부모님이 살아 계실 때 자녀가 멀리 떠나지 말고, 외출할 경우 반드시 가는 곳을 알리라고 하셨습니다.

이는 부모님에 대한 존중과 배려이며, 자녀가 부모님의 걱정을 덜어주려는 책임감 있는 태도입니다. 부모는 자식의 안전을 늘 염려하기에, 자신의 행선지를 알리고 무사히 돌아오는 일은 가정의 평화를 지키는 작은 효도라 할 수 있습니다.

부모님과 함께 사는 자녀는 자신의 행동에 더욱 신중해야 합니다. 자녀가 눈에 보이지 않으면 부모는 불안해하며, 자녀의 안전을 걱정합니다. 외출 전후로 자신의 위치와 상황을 알리는 일은 부모님의 마음을 편하게 해주는 기본적인 효도입니다.

지금은 부모님의 걱정이 잔소리처럼 들릴 수 있지만, 언젠가 자신이 부모가 되었을 때 그 마음을 진정으로 이해하게 될 것입니다. 부모님의 마음을 헤아리고 안심시켜 드리는 것은 사랑과 존경을 실천하는 가장 구체적인 방법입니다.

부모님의 걱정과 마음을 헤아려
작은 배려로 안심을 드리는 것이 진정한 효도의 시작이다.

올바른 인성 만들기를 위한 실천

◇ 외출하거나 친구들과 놀러 갈 때, 반드시 부모님께 알리기

◇ 학교에서의 일상이나 친구들과의 활동에 대해 부모님과 자주 대화기

◇ 집안일이나 가족 행사에 적극적으로 참여하기

* 부모재(父母在) : 부모가 생존해 계시면.

* 원유(遠遊) : 멀리 나가 놀다.

* 유필유방(遊必有方) : 놀러 나갈 때는 반드시 있을 곳을 알려야 한다는 뜻.

4 —— 부모님의 부름에 즉시 대답하라

子曰

父命召이시면 唯而不諾하고 食在口則吐之니라

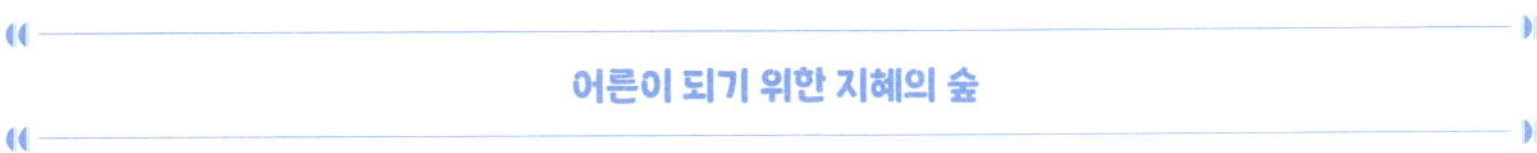

공자가 말하기를, "아버지께서 부르시면 속히 대답하고
머뭇거리지 말며 음식이 입에 있거든 곧 뱉고 대답할 것이라"
하였습니다.

공자는 부모님께서 부르실 때 즉시 대답하고, 만약 입에 음식을 물고 있다면 그 음식을 뱉고 대답하라고 가르쳤습니다. 비록 현대 사회에서는 이러한 방식이 필요하지 않지만, 이 말은 부모를 공경하는 자식의 마음가짐을 잘 표현하고 있습니다.

요즘은 학생들이 학교 수업과 학원 공부에 바빠 부모님은 맞벌이하느라 서로 대화할 시간이 부족해 아침이나 저녁 식사 시간에만 대화가 오가는 경우가 많습니다. 심지어 SNS를 통해 소통하는 가정도 존재합니다.
그러나 부모님과 함께 식사할 기회가 있다면, 항상 감사의 마음을 전하고 충분한 대화를 나누는 것이 중요합니다.

"밥상머리 교육"이라는 말처럼, 식사 시간은 교육과 소통의 중요한 순간입니다. 부모님의 마음을 헤아릴 수 있는 대화는 공경의 작은 실천이며, 이러한 작은 행동들이 결국 더 깊은 관계와 상호 존중으로 이어질 것입니다.
부모님과의 대화는 단순한 의사소통이 아니라, 가족의 유대감을 강화하고 서로의 삶을 이해하는 소중한 기회라는 점을 잊지 말아야 합니다.

식탁에서 나누는 짧은 대화 한마디가
부모님에 대한 공경의 시작이며,
가족의 마음을 잇는 가장 따뜻한 교육이 된다.

올바른 인성 만들기를 위한 실천

◇ 부모님이 부르실 때는 주저 하지 말고 즉시 대답하기

◇ 가족과 함께하는 식사 시간을 소중하고 감사하게 생각하기

◇ 평소에도 부모님과의 대화 시간을 만들기

* 명소(命召) : 명령하여 부름.

* 유(唯) : 즉시 대답하는 것.

* 낙(諾) : 머뭇거리며 느리게 대답하는 것.

5 ── 부모님께 순종하는 사람과 거스르는 사람

孝順은 還生孝順子요 忤逆은 還生忤逆子하나니

不信이거든 但看簷頭水하라 點點滴滴不差移니라

> "효도하고 순종하는 사람은, 효도하고 순종하는 자식을 낳을
> 것이며, 거스르는 사람은 또한 거스르는 자식을 낳을 것이다.
> 이를 믿지 못하겠거든 저 처마 끝의 물방울을 보라. 방울방울
> 떨어져 내림이 조금도 어긋남이 없느니라."라고 하였습니다.

처마 끝에서 떨어지는 물방울은 모두 같은 모양과 크기로 규칙적으로 떨어지죠. 이처럼 내가 부모님에게 효도하면, 나중에 내 자녀도 나를 보고 효도하는 사람이 될 것입니다. 자녀는 부모의 행동을 보고 배우기 때문에, 부모님의 사랑과 가르침이 자녀에게 큰 영향을 미친다는 것을 알 수 있습니다.

효경(孝經)에서는 "효가 덕의 근원이며 모든 가르침이 여기서 시작된다"고 말하며, 효도가 얼마나 중요한지를 강조합니다. 부모님을 존중하고 따르는 것은 올바른 인성을 만드는 데 필요한 핵심 요소입니다.

결국, 효도하고 부모님께 잘 따르는 사람은 자연스럽게 그런 가치관을 가진 자녀를 키울 수 있으며, 반대로 부모님의 가르침을 무시하는 사람은 그 영향을 받은 자녀를 낳게 됩니다. 이런 점에서, 효도와 순종을 실천하는 것이 자녀에게 긍정적인 영향을 미친다는 중요한 교훈을 전합니다.

효도는 단순히 부모에게 보답하는 것이 아니라,
자녀에게 올바른 가치를 심어주는 길이자,
세대 간 사랑과 존중을 이어가는 중요한 전통이다.

올바른 인성 만들기를 위한 실천

◇ 부모님의 가르침과 가정에서 정한 규칙을 지키기

◇ 부모님과의 소통을 늘리고, 일상적인 일이나 고민을 공유하기

◇ 부모님께 안마해 드리기

*효순(孝順) : 효도하고 순종하다.　　*오역(忤逆) : 거스르고 거역하다.

*첨두수(簷頭水) : 처마 끝의 낙숫물.　*불차이(不差移) : 어긋나지 않는다.

정기편
正己篇

자기의 몸을 바르게 하라

정기(正己)는 몸을 바르게 한다는 뜻입니다.

사람은 먼저 자기의 몸과 마음을 바르게 닦고 길러

올바른 인격과 인성을 가져야 합니다.

몸을 바르게 한다는 것은, 다른 사람을 탓하기보다

나의 잘못을 먼저 인정하고 서로 존중하는 마음을 갖는 것입니다.

1 —— 다른 사람보다 자신을 되돌아보라

『성리서』에 이르기를, "다른 사람의 착함을 보거든 자신의 착한 것을 찾고, 다른 사람의 악함을 보거든 자신의 악함을 찾아라. 이와 같이 하면 비로소 유익함이 있을 것이다."라고 하였습니다.

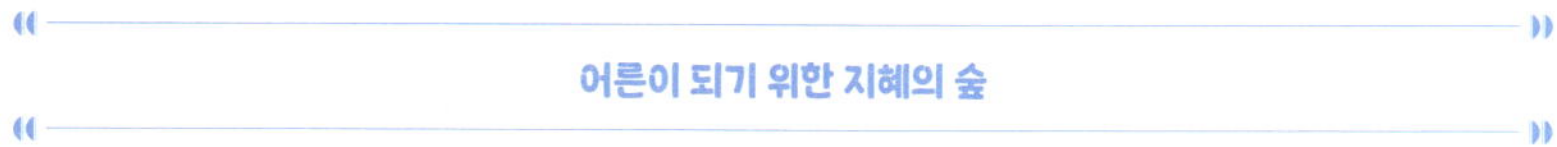

『성리서』의 구절은 타인의 행동을 통해 자신을 돌아보라는 중요한 교훈을 담고 있습니다. 다른 사람의 착한 행동을 보았을 때, 그와 같은 선한 마음이 자신에게 있는지를 반성하고, 없다면 본받아 실천하라는 것입니다. 이는 자기 개선의 첫걸음이 됩니다.

반대로, 다른 사람의 악한 행동을 보았을 때는 그 행동을 반성의 기회로 삼고, 자신의 악한 면을 찾아 고치라는 의미입니다. 이렇게 자신을 점검하는 태도는 개인의 성장뿐 아니라 사회에 긍정적인 영향을 미칠 수 있습니다.

인간의 마음에는 선과 악이 공존하며, 어떤 것을 선택하는가는 사람의 태도에 따라 달라집니다. 착한 행동을 보고 자신의 마음을 돌아보며, 악한 행동을 보았을 때는 반성하고 개선하는 과정이 올바른 어른으로 성장하기 위한 마음 훈련이 됩니다.

타인의 착함을 본받고, 악함을 반성하라.
그 속에서 나를 발견하는 것이 성장의 길이다.

올바른 인성 만들기를 위한 실천

◇ 매일 자신이 한 행동이나 선택을 되돌아보기

◇ 친구를 도와주거나, 친절을 베푸는 선행을 실천하기

◇ 형, 누나, 동생의 소원 한 가지씩 들어주기

* 성리서(性理書) : 송나라 때 지어진 성리학에 관한 책을 포괄적으로 이르는 말로, 실제 성리서란 책은 없다고 한다. 중국의 주희(朱熹)라는 분이 집대성하였으며, 인간의 본성과 이(理)와 기(氣)의 관계를 밝힌 학문 체로, 우리나라에는 고려 말기에 들어와 조선시대에 특히 융성하였다.

* 여차(如此) : 이렇게 하다, 이와 같다.   * 방시(方是) : 비로소

2 —— 남을 존중하고 겸손한 마음을 가져라

太公이 曰, 勿以貴己而賤人하고

勿以自大而蔑小하고 勿以恃勇而輕敵하라

> 태공이 말하기를, "나를 귀하게 여김으로써 남을 천하게 여기지
> 말며 자기가 크다고 남의 작은 것을 업신여기지 말며 용맹함을
> 믿고 적을 가볍게 여기지 말라"라고 하였습니다.

어른이 되기 위한 지혜의 숲

주역(周易)에서는 인간이 지녀야 할 최고의 덕목으로 노겸(勞謙)을 강조하는데, 이는 우리가 열심히 일해 성과를 이루더라도 이를 자랑하지 않고 겸손한 마음을 유지해야 한다는 의미입니다. 큰일을 이룬 후에도 자신의 성과를 드러내지 않는 노겸은 인생에서 가장 고귀한 덕목 중 하나입니다.

그러나 지나친 자만심과 남을 무시하는 태도는 결코 올바른 모습이 아닙니다. 이런 태도를 지속하게 되면 결국 타인에게서 불이익을 당할 수 있으며, 이는 인간관계를 악화시키고 신뢰를 잃게 만듭니다.

겸손한 사람은 언제 어디서나 호감을 얻고 존경받는 이유는, 그들이 자기를 내세우지 않고 타인을 존중하기 때문입니다.

따라서 겸손의 핵심은 자신을 드러내지 않고 남을 존중하며, 이를 통해 우리 자신을 성숙하게 만드는 것입니다. 이러한 가치관을 잊지 않고 올바르고 성숙한 어른으로 성장하는 과정에서, 우리는 더욱 나은 사회를 만들어갈 수 있습니다.

겸손은 노력의 열매를 자랑으로 포장하지 않고,
타인을 존중함으로써 자신을 더욱 빛나게 만드는
인격의 가장 고귀한 완성이다.

올바른 인성 만들기를 위한 실천

◇ 시험 성적에서 좋은 성과를 거두었더라도 자랑하지 않기

◇ 누군가 나를 칭찬할 때, 감사의 마음을 표현하기

* 귀기(貴己) : 자기를 귀하게 여기다.　* 천인(賤人) : 남을 천하게 여기다.

* 멸소(蔑小) : 작은 사람을 멸시하다.　* 경적(輕敵) : 적을 가볍게 여기다.

3 ─── 타인의 허물은 부모의 이름처럼 소중하게

馬援이 曰

聞人之過失이면 如聞父母之名하여

耳可得聞이라도 口不可言也니라

마원이 말하기를, "남의 허물을 듣거든 부모의 이름을 듣는 것처럼 하여 귀로 들을지언정 입으로는 말하지 말 것이니라."고 하였습니다.

어른이 되기 위한 지혜의 숲

우리는 곧잘 다른 사람의 좋은 점을 말하는 것보다, 나쁜 점에 대해 말하는 것을 즐기고 있습니다. 이는 남의 좋은 점보다는 허물을 재미 삼아 이야기하는 것을, 좋아한다는 말입니다. 남의 허물을 얘기하기를 좋아하는 사람의 심리는 어쩜 그 사람이 나보다 잘난 것을 보기 싫은 마음이 강해서 그럴 것으로 생각합니다.

남의 허물을 헐뜯거나 남을 함부로 이야기하는 것보다는 남을 칭찬하고 남의 허물을 덮어 주고 아량을 베푸는 것이 결국은 자신의 인격과 성품을 높이는 일이라는 것을, 잊지 말아야 합니다.

흔히 인격의 첫째 덕목으로 사람의 단점과 허물을 말하지 않는 것으로 꼽습니다. 자신의 입에서 나오는 말들은, 나쁜 말보다는 아름다운 말을 전하는 것이 올바른 어른으로 성장하는 길이라는 것을 명심하길 바랍니다.

남의 허물을 이야기하기보다는
칭찬하고 아량을 베푸는 것이 진정한 인격을 키운다.

올바른 인성 만들기를 위한 실천

◇ 친구의 장점이나 좋은 행동을 좋은 말로 칭찬하기

◇ 친구의 부정정인 이야기를 친구들에게 전하지 않기

◇ 남을 비난하거나 헐뜯는 경향이 있는지 자신을 점검하기

* 마원(馬援) : 중국 후한 때의 장군으로 광무제를 도와 후한을 세운 인물이다.

* 과실(過失) : 허물과 실수.　　* 불과(不可) : 할 수 없다.

4 ── 나의 단점을 말해 주는 고마운 친구

道吾善者는 是吾賊이요 道吾惡者는 是吾師이니라

"나를 착하다고 말하여 주는 사람은 곧 내게 해로운 사람이며,
나의 나쁜 점을 말해 주는 사람은 나의 스승이니라."라고
하였습니다.

어른이 되기 위한 지혜의 숲

공자께서는 "이로운 친구가 세 가지 있고, 해로운 친구가 세 가지 있다"고 말씀하셨습니다.   이로운 친구는 정직한 사람, 믿을 수 있는 사람, 그리고 견문이 넓은 사람입니다.
반면, 해로운 친구는 아첨을 잘하는 사람, 겉과 속이 다른 사람, 그리고 말재주만 뛰어난 사람들입니다.

칭찬을 듣는 것은 기분이 좋고, 긍정적인 피드백을 받는 것은 누구에게나 행복한 경험입니다. 그러나 잘못을 지적받는 것은 때때로 불편하게 느껴질 수 있으며, 이러한 순간에 우리는 방어적이기 쉽습니다.
하지만 이러한 충고를 겸허히 받아들이고 자신의 잘못을 인식하여 개선해 나가는 과정이야말로 올바른 성숙한 어른으로 성장하는 길입니다.

우리는 서로의 성장을 도우며 진정한 친구가 되는 것이 중요합니다. 서로의 소중한 의견을 존중하고, 진정한 우정을 통해 함께 성장할 수 있는 기회를 소중히 여겨야 합니다.

진정한 우정은 아첨이 아닌 진심 어린 충고로
서로를 성장시키며 어떤 친구가 되어야 할지,
또 누구와 함께할지를 늘 성찰해야만 한다.

올바른 인성 만들기를 위한 실천

◇ 친구의 조언을 열린 마음으로 받아들이기

◇ 친구의 잘못된 행동을 할 때, 진심 어린 조언을 해주기

◇ 자신의 부족한 부분을 인정하고 개선하려는 태도를 가지기

* 도오선자(道吾善者) : 나의 좋은 점을 말해 주는 사람.

* 시오적(是吾賊) : '곧 내게 해로운'이라는 뜻.

* 오사(吾師) : 나의 스승.

5 —— 삶의 두 가지 보물은 부지런함과 신중함

太公이 曰

勤爲無價之寶요   愼是護身之符니라

태공이 말하기를, "부지런함은 값을 매길 수 없는 보배이며,
신중함은 몸을 보호하는 부적이다"라고 하였습니다.

어른이 되기 위한 지혜의 숲

부지런함은 근면과 성실함을 내포하고 있으며, 삶에서 지속적인 발전과 목표 달성을
가능하게 하는 필수적인 요소입니다. 부지런하게 일하거나 공부한다고 해서 항상 즉
각적인 성공을 얻을 수 있는 것은 아닙니다.

때로는 실패를 경험할 수 있지만, 중요한 것은 그러한 실패 속에서도 자신을 돌아보
고 반성하며 끊임없이 노력하는 자세입니다. 부지런함을 통해 우리는 실수에서 배우
고, 점진적으로 더 나은 결과에 도달할 수 있습니다.

그러나 부지런함만으로는 충분하지 않습니다. 태공은 신중함이란 덕목 또한 강조하
며, 신중함이란 충동적인 선택을 피하고, 모든 상황에서 깊이 생각하고 행동하는 것을
의미합니다. 신중함은 실수를 줄이고, 자신을 보호하는 역할을 하며, 궁극적으로 목표
를 안전하고 확실하게 이룰 수 있게 돕습니다. 부지런함으로 꾸준히 노력하고, 신중
함으로 차분히 판단하는 삶은 세상을 지혜롭게 살아가며 꿈을 이루는 데 필요한 소중
한 덕목이라는 것을 마음에 담고 성장하길 바랍니다.

부지런함으로 꾸준히 노력하고, 신중함으로
올바르게 판단하는 습관이 자신을 지혜롭게 성장하는 방법이다.

올바른 인성 만들기를 위한 실천

◇ 계획을 세워 공부나 과제를 체계적으로 실천하기

◇ 매일 자신의 행동과 결정에 대해 돌아보는 시간을 가지기

◇ 결정을 내려야 할 때, 장단점을 정리하여 신중하게 판단하기

* 무가지보(無價之寶) : 값으로 따질 수 없는 보배를 뜻함.

* 신(愼) : 삼가고 조심함.

* 부(符) : 재앙을 물리쳐 주는 '부적'을 뜻함.

6 ── 음식의 담백함이 정신과 수면에 미치는 영향

景行錄에 曰, 食淡精神爽이요　心淸夢寐安이니라

> 『경행록』에 말하기를, "담백한 음식을 먹으면 정신이 맑아지고,
> 마음이 맑으면 잠을 편히 잘 수 있다"라고 하였습니다.

어른이 되기 위한 지혜의 숲

이 구절은 건강한 식습관과 마음의 평화가 밀접하게 연결되어 있음을 강조합니다. 담백한 음식은 소화가 잘되고 건강에 유익하여 신체의 건강을 유지하고 정신적 안정감을 제공합니다. 이는 건강한 몸이 맑은 정신으로 이어진다는 중요한 교훈을 담고 있습니다.

마음의 맑음도 중요합니다. 깨끗하고 편안한 마음은 스트레스와 불안에서 벗어나 부정적인 감정과 잡념이 줄어들어, 삶을 보다 긍정적으로 바라볼 여유를 가지게 됩니다.

요즘 세대는 불규칙한 식사와 기름진, 인스턴트 음식으로 인해 건강에 위협을 받고 있습니다. 특히 스트레스를 자주 느끼는 사람일수록 위에 부담을 주지 않는 담백한 음식을 선택하는 것이 중요합니다. 기름진 음식을 과도하게 섭취하면 소화가 어려워지고 정신이 흐려져 숙면을 방해할 수 있습니다.

따라서 올바른 식습관을 통해 담백한 음식을 섭취함으로써 건강한 몸과 맑은 정신을 유지하고, 보다 건강한 성인으로 성장할 수 있습니다.

몸을 가볍게 하는 담백한 음식은 마음을 맑게 하고,
맑은 마음은 건강한 정신과 신체를 만든다.

◇ 채소, 과일, 단백질이 풍부한 음식을 포함한 균형 잡힌 식사하기

◇ 요가, 명상, 스트레칭 등 마음을 편안하게 해줄 수 있는 운동하기

◇ 일정한 시간에 자고 일어나는 규칙적인 수면 습관 만들기

* 식담(食淡) : 음식이 담백하다.

* 상(爽) : '상쾌하다', '맑아지다'라는 뜻.

* 심청(心淸) : 마음이 맑다.

7 ── 마음의 침착함이 덕을 형성하는 길이다

定心應物하면 雖不讀書라도 可以爲有德君子니라

> "마음가짐을 침착하게 하여 모든 일을 대한다면 비록 글을 읽지
> 않았더라도 덕이 있는 군자가 될 수 있다."라고 하였습니다.

어른이 되기 위한 지혜의 숲

"일체유심조(一切唯心造)"라는 말이 있습니다. 이는 이 세상의 모든 것은 결국 마음가짐에 달려 있다는 의미를 지니고 있습니다.

우리가 내 마음을 어떻게 다루느냐에 따라 즐거운 세상이 될 수도 있고, 반대로 괴로운 세상이 될 수도 있습니다. 마음가짐은 우리의 행복과 불행을 결정짓는 중요한 요소로 작용합니다.

이 세상의 모든 문제는 결국 마음의 문제라고 할 수 있습니다. 우리는 태어나면서부터 지혜로운 사람은 아니며, 비록 글을 모른다 하더라도 모든 사물에 대해 편중됨 없이 안정된 마음으로 생각하면, 덕이 있는 군자처럼 올바른 판단을 내릴 수 있습니다.

이는 마음가짐이 바르게 정립되어 있어야만 사리를 정확히 판단할 수 있음을 깨닫게 해줍니다.

지금부터라도 올바른 마음가짐을 갖기 위해 무엇을 해야 할지 고민하고 실천하는 어른으로 성장하길 바랍니다. 자기 성찰과 마음 다스림에 집중함으로써 긍정적이고 안정된 마음을 기르는 것이 중요합니다. 그런 마음가짐은 삶의 문제를 현명하게 풀어가게 하고, 자신과 주변을 더 행복하게 만드는 밑거름이 됩니다.

모든 문제의 해답은 마음가짐에 달려 있으며,
올바른 마음이 삶을 현명하고 행복하게 만든다.

올바른 인성 만들기를 위한 실천

◇ 매일 시간을 정해 자신의 감정과 생각을 돌아보는 시간을 갖기

◇ 자신과 타인에게 긍정적인 언어를 사용하며 소통하기

◇ 명상이나 깊은 호흡 운동을 통해 마음을 안정시키기

* 정심(定心) : 마음가짐을 침착히 하다.

* 응물(應物) : 사물을 대함.

* 가이위(可以爲) : '~ 으로 여기는 것이 옳다'는 뜻.

8 ── 분노와 욕심 다스리기

근 사 록 운
近思錄에 云하기를

징 분 여 구 화 질 욕 여 방 수
懲忿如救火하고 窒慾如防水하라

『근사록』에 이르기를, "분노를 다스릴 때는 불을 끄듯이 하고,
욕심을 막을 때는 물을 막듯이 하라."라고 하였습니다.

화재나 물난리는 초기 대응에 실패하면 점점 더 커져 결국 큰 재해로 이어집니다. 이처럼 사람의 마음속에 자리한 분노와 욕심도 처음엔 작고 미미하지만, 제때 다스리지 않으면 점차 커져 통제를 벗어납니다. 이러한 감정들은 그 자체로도 위험하지만, 방치할 경우 심각한 후환을 초래할 수 있습니다.

따라서 우리는 감정이 커지기 전에 이를 인지하고, 처음부터 분노와 욕심을 조절하고 억제하려는 노력이 필요합니다. 그렇지 않으면 결국 감당할 수 없는 상황에 이르게 됩니다.
우리는 참는 마음과 생활을 통해 분노를 끄고 욕심을 억누르는 데 힘써야 합니다.

화를 참는 일은 쉽지 않지만, 조금만 더 인내했더라면 피할 수 있었던 불행한 사례들을 우리는 주변에서 자주 마주합니다.
그러므로 분노와 욕심을 다스릴 수 있는 지혜와 절제의 마음을 길러야 하며, 이러한 노력이야말로 올바른 어른으로 성장하는 밑거름이 됩니다.

마음속 작은 분노와 욕심을 다스리지 않으면,
결국 자신을 파멸로 이끄는 큰 재앙이 된다.

올바른 인성 만들기를 위한 실천

◇ 분노와 욕심을 느낄 때 해소할 수 있는 취미나 운동하기

◇ 친구나 가족과의 갈등 상황에서 감정을 조절하는 연습을 해보기

◇ 매일 짧은 시간을 정해 자신의 감정을 되돌아보는 시간을 가져보기

* 근사록(近思錄) : 송나라 때에 주자와 그의 제자 여조겸(呂祖謙)이 함께 지은 책입니다. 주요

내용은 사람이 교양을 높이고 처세를 바르게 하여 양생(養生)하는 데 주안점을 두고 있습니다.

9 —— 쓸데없는 말과 급하지 않은 일은 하지 마라

荀子 曰

無用之辯과 不急之察은 棄而勿治하라

순자가 말하기를, "쓸데없는 말과 급하지 아니한 일은 그만두고 다스리지 말라."라고 하였습니다.

어른이 되기 위한 지혜의 숲

이 글은 『순자』의 〈천론(天論)〉 편에서 전하는 중요한 교훈을 담고 있습니다. 핵심은 '불필요한 말을 삼가고, 급하지 않은 일에 서두르지 말라'는 것입니다.

당장 하지 않아도 될 일에 지나치게 신경 쓰면 오히려 정신이 산란해지고 집중력을 잃게 됩니다. 또 너무 많은 일에 손을 대면 본질을 놓치거나 실수를 할 위험이 커집니다.

우리는 말 한마디가 상대방에게 어떤 영향을 미칠지 항상 생각해야 합니다. 쓸데없는 말이 오해나 상처로 이어질 수 있기에, 말하기 전에 한 번 더 생각하는 습관이 필요합니다.

마찬가지로 급하지 않은 일을 조급하게 처리하려 하면 오히려 상황을 악화시킬 수 있습니다. 섣부른 말과 행동은 신뢰를 무너뜨리고, 나아가 관계를 해칠 수 있습니다.

지혜로운 사람은 침묵 속에서 판단을 다듬고, 차분한 태도로 상황을 이끌어갑니다. 언제나 언행에 신중한 태도를 지닌다면, 더 성숙하고 지혜로운 사람으로 성장할 수 있을 것입니다.

침묵과 여유는 지혜로운 삶의 시작이며,
신중한 말과 행동은 성숙한 사람의 품격을 완성한다.

올바른 인성 만들기를 위한 실천

◇ 친구나 가족과 대화할 때, 상대방의 감정을 생각하며 말하기

◇ 해야 할 일이나 과제가 많을 때는 우선순위를 정해 집중하기

◇ 매일 잠깐의 시간을 정해 마음 챙기는 연습하기

* 순자(荀子) : 중국 전국시대 조(趙)나라의 사상가로 이름은 황(況)이다. 맹자의 성선설을 반대하고
인간의 본성은 태어나면서부터 악하며 선하게 되는 것이라 인위적인 노력의 결과라고 성악설을
주장하였다.

* 무용지변(無用之辯) : 쓸데없는 말.

* 불급지찰(不急之察) : 급하지 않은 일.

10 —— 좋아하든 미워하든 반드시 살펴보라

子曰

衆이 好之라도 必察焉하며 衆이 惡之라도 必察焉하라

공자가 말하기를, "많은 사람이 좋아하더라도 반드시
살펴보아야 하며 많은 사람이 미워하더라도 반드시 살펴보아야
한다."하였습니다.

『논어』의 〈위령공(衛靈公)〉 편에서 강조하는 이 구절은 선입견에 대한 경고를 담고 있습니다. 사람들은 종종 다수의 의견에 휘둘려 그 사실을 쉽게 믿는 경향이 있습니다. 특히 누군가를 판단할 때 이러한 경향이 두드러지며, 타인의 부정적인 의견에 쉽게 영향을 받습니다.

이런 현상은 대인 관계에서도 자주 발생하여, 개인의 판단이 외부의 의견에 흔들리기 쉽습니다. 따라서 우리는 선입견을 버리고, 다양한 시각을 고려하여 냉철하게 상황을 평가하는 것이 중요합니다. 대인 관계에서 가장 중요한 요소는 선입견 없이 사람과 상황을 공정하게 이해하는 태도입니다.

이를 통해 우리는 올바른 판단을 내리고, 더 나은 인격을 갖춘 어른으로 성장할 수 있습니다. 이런 과정은 서로를 이해하고 존중하는 건강한 관계를 형성하는 데 필수적인 기초가 됩니다.

다수의 의견에 휘둘리지 말고,
항상 사실을 확인하며 공정한 판단을 내려라.

올바른 인성 만들기를 위한 실천

◇ 친구나 주변 사람들의 다양한 의견을 경청하는 습관 만들기

◇ 어떤 상황이나 사람에 대해 판단할 때는
반드시 사실을 확인하는 습관 만들기

◇ 책을 읽거나 다양한 활동에 참여하여
자신이 중요하게 여기는 가치가 무엇인지 탐구하기

* 호지(好之) : 좋아하다.

* 찰언(察焉) : 거기에서 살피다.

* 악지(惡之) : 미워하다.

11 ── 너그럽게 대하라

만 사 종 관　기 복 자 후
萬事從寬이면　其福自厚니라

"모든 일에 너그럽게 대하면, 그 복이 스스로 두터워

지느니라."라고 하였습니다.

《 어른이 되기 위한 지혜의 숲 》

위의 말씀은 남이 나를 악하게 대한다고 해서 똑같이 대응하지 않는 것이 결국 나와 모두에게 이로운 결과를 가져온다는 지혜를 담고 있습니다. 상대방을 너그럽게 대하면 그들이 나를 해치려 하지 않으며, 이는 궁극적으로 나에게 유익함을 안겨줍니다. 여기서 '너그러움'은 관용의 한 형태로, 다른 사람의 실수나 결점을 용서하는 것을 의미합니다.

너그러움은 관용의 기초가 되며, 너그러운 사람은 도량이 넓고 관대함을 갖추고 있습니다. 관용은 타인의 마음을 헤아리며, 갈등과 대립을 사랑과 화합으로 바꾸는 힘을 가지고 있습니다.
반면, 고집과 편견은 관계를 단절시키고 고립을 초래할 수 있습니다. 우리가 서로의 차이를 인정하고 이해하려는 태도를 가지면, 사회는 더 원활하게 연결되고 진정한 화합을 이룰 수 있습니다.

우리는 편협한 사고를 벗어나 상대방을 이해하고 존중하려는 너그러운 마음을 가져야 합니다. 너그러움만이 사람들이 조화롭게 살아가는 길이며, 그것이 결국 자신을 올바른 성인으로 성장시키는 길입니다.

관용과 너그러운 마음은
갈등을 화합으로 이끌고,
자신과 세상에 복을 가져오는 길이다.

올바른 인성 만들기를 위한 실천

◇ 친구와 관계에서 실수나 잘못에 대해 용서하는 마음을 갖기

◇ 다른 사람의 의견이나 생각을 경청하고 존중하는 태도로 대하기

◇ 자신은 타인을 대하는 방식이 어떤지 살펴보기

* 종관(從寬) : 너그러움을 따르다.

* 자후(自厚) : 저절로 두터워지다.

12 ── 남을 해치는 말은 결국 자신에게 해가 된다

太公이 曰

慾量他人이라면 先須自量하라

傷人之語는 還是自傷이니 含血噴人이면 先汚其口니라

태공이 말하기를, "다른 사람을 먼저 알려고 하거든 먼저
스스로를 헤아려 보라. 남을 해치는 말은 도리어 스스로를
해치는 것이니 피를 머금어 남에게 뿜으면 먼저 자기의 입이
더러워지느니라" 하였습니다.

어른이 되기 위한 지혜의 숲

우리는 타인을 비난하기 전에 그들의 처지를 이해하려는 노력을 해야 합니다. 역지사지의 태도는 비판보다 더 유익한 결과를 가져옵니다. 비판은 상대방을 방어적으로 만들고 자존심에 상처를 주어 원한을 일으킬 수 있습니다.

타인을 평가하기 전에 자신을 되돌아보며, 내가 던진 말이 다른 사람에게 어떤 영향을 미쳤는지 생각해야 합니다. 만약 내 말이 위로와 사랑을 주지 못한다면, 차라리 침묵하는 것이 더 나을 수 있습니다.

모든 대화에서 마음의 여유를 갖고, 상대방을 배려하는 태도를 유지하는 것이 중요합니다. 올바른 어른으로 성장하려면, 상대방과 자신의 입장을 바꿔 생각하고 좋은 언어로 소통하는 노력이 필요합니다.

타인을 비난하기 전에
그들의 처지를 이해하고,
역지사지의 마음으로 대하라.

◇ 다른 사람이 행동한 이유를 이해하기 위해 질문을 만들어 보기

◇ 대화할 때 긍정적인 언어를 선택하려고 노력하기

◇ 내가 자주 사용하는 부정적인 언어들 체크하기

* 욕량타인(慾量他人) : 다른 사람을 헤아려 보려고 함.

* 수(須) : 모름지기~하다.

* 상인지어(傷人之語) : 남을 해치는 말.

* 환시자상(還是自傷) : 도리어 자신을 다치게 함.

13 —— 의심을 살 만한 행동

태 공 왈
太公이 曰

과 전 불 납 리 이 하 부 정 관
瓜田에 不納履하고 李下에 不正冠하라

태공이 말하기를, "다른 사람의 오이밭에서는 신발을 고쳐 신지 말고, 오얏나무 아래서는 갓을 고쳐 쓰지 말라."라고 하였습니다.

어른이 되기 위한 지혜의 숲

오해와 억울함은 일상 속에서 흔히 일어나는 일이지만, 이를 현명하게 대처하고 관계를 회복하는 것은 매우 중요합니다. 무엇보다 오해받을 만한 행동을 피하는 것이 첫걸음입니다.

예로부터 "참외밭에서는 신을 고쳐 신지 말고, 오얏나무 아래에서는 갓을 고쳐 쓰지 말라"는 말이 있듯, 의심을 살 만한 상황은 애초에 만들지 않는 것이 좋습니다.

물론 살아가다 보면 뜻하지 않게 오해를 받는 경우도 생깁니다. 이런 상황을 줄이기 위해서는 평소 정직하고 올바른 삶을 살아야 합니다. 정직한 사람은 남의 것을 탐하지 않고, 바른 마음과 행동으로 신뢰를 쌓기에 쉽게 의심받지 않습니다.

결국, 오해와 억울함을 줄이는 가장 좋은 방법은 스스로를 돌아보고, 투명하고 바른 태도로 살아가는 것입니다. 이는 건강한 인간관계의 밑바탕이 되며, 사회적 신뢰를 얻는 지름길이 됩니다.

오해와 억울함을 피하려면 정직하고
올바른 행동을 통해 신뢰를 쌓아야 한다.

올바른 인성 만들기를 위한 실천

◇ 자신의 행동이나 생각을 주변 사람들과 솔직하게 이야기하기

◇ 자신의 행동이 어떻게 해석될지를 고려하여 신중하게 행동하기

◇ 친구들 사이에서 정직한 관계를 위해 약속을 잘 지키기

* 과전(瓜田) : 오이밭.

* 납리(納履) : 신발을 들여놓고 신을 고쳐 매다.

* 이하(李下) : 오얏나무 아래(자두나무).

* 정관(正冠) : 갓을 고쳐쓰다.

14 —— 귀와 눈과 입의 역할

耳不聞人之非하고 目不視人之短하고

口不言人之過라야 庶幾君子니라

> "귀로 남의 그릇됨을 듣지 않고, 눈으로 남의 모자람을 보지
> 않으며, 입으로는 남의 허물을 말하지 않아야 군자에 가까운
> 것이다."라고 하였습니다.

우리는 시각, 청각, 언어를 통해 세상을 인식하고 소통합니다. 그러므로 아름다운 것을 보고, 좋은 말과 소리를 듣고, 긍정적인 말과 음식을 선택하는 것이 중요합니다.
"입이 하나인 이유는 적게 말하고, 귀가 둘인 이유는 더 많이 들으라는 뜻"이라는 말을 기억해야 합니다. 이는 말하기보다 듣는 데 더 많은 노력을 기울이라는 교훈입니다.

또한 "개 눈에는 똥만 보인다"는 속담처럼, 우리는 평소 관심을 두는 것만을 인식하기 쉽습니다. 타인의 단점에만 주목하고 헐뜯는 습관은 자신을 부정적으로 만들 수 있지만, 장점을 보고 칭찬하는 습관은 자신도 긍정적으로 변화시킵니다.
따라서 우리는 귀로는 좋은 말만 골라 듣고, 눈으로는 긍정적인 면을 바라보며, 입으로는 험담 대신 칭찬을 하는 삶을 살아야 합니다. 이런 습관이 쌓이면 올바른 가치관을 가진 성인으로 성장할 수 있습니다.

아름답고 긍정적인 것을 보고 듣고
말함으로써 올바른 성인으로 성장하라.

올바른 인성 만들기를 위한 실천

◇ 주변의 자연 경관이나 좋은 음악을 감상하거나 좋은 책을 읽어보기

◇ 긍정적인 뉴스나 좋은 사람들의 이야기를 담은 다큐멘터리를 시청하기

◇ 지역사회에서 자원봉사나 도움을 줄 수 있는 활동에 참여해 보기

* 인지비(人之非) : 남의 그릇됨.　* 인지단(人之短) : 남의 단점.

* 인지과(人之過) : 남의 허물.　* 서기(庶幾) : 거의 ~와 가깝다.

15 ── 말을 조심하라

蔡伯皆 曰

喜怒在心하고 言出於口하니 不可不愼이니라

채백개가 말하기를, "기뻐하고 노여워하는 것은, 마음속에 있고, 말은 입에서 나오는 것이니 반드시 조심해야 한다."라고 하였습니다.

어른이 되기 위한 지혜의 숲

사람은 살아가며 기쁨, 슬픔, 분노 등 다양한 감정의 파도를 경험합니다. 특히 화가 나거나 불만이 가득할 때 우리는 감정에 휘둘려 부주의하게 말을 내뱉기 쉽습니다.
하지만 말은 단순한 의사소통 수단이 아니라 감정을 담은 강력한 힘을 지니며, 좋은 말은 감동을, 나쁜 말은 상처를 줄 수 있습니다.

따라서 분노나 스트레스를 느낄 때일수록 말을 아끼고, 감정이 언어로 나오기 전에 한 번 더 생각하는 신중함이 필요합니다. 자신의 감정이 어떤 말을 불러올지 고민하고 조절하는 습관이 불필요한 갈등을 예방합니다.

긍정적이고 희망적인 언어는 인간관계를 건강하게 만들며, 축복과 격려의 말은 상대에게 따뜻한 영향을 미칩니다.
결국, 성숙한 어른으로 성장하려면 언어와 감정을 조절하는 훈련이 필요하며, 이는 더 나은 소통과 삶을 가능하게 합니다.

감정에 휘둘리지 않고
말을 다스릴 줄 아는 사람만이,
진정으로 성숙한 어른이 된다.

올바른 인성 만들기를 위한 실천

◇ 기쁨, 슬픔, 분노 등 다양한 감정을 적어보며 그 감정을 다스리기

◇ 감정이 격해질 때, 3초 정도 기다리는 습관 만들기

◇ 매일 아침 긍정적인 문구나 격려의 말을 자신에게 말하거나 적어보기

* 채백개(蔡伯喈) : 후한 영제 때의 학자로 이름은 옹(邕)이며 백개는 그의 자(子)이다. 효자로
유명했고 박학했으며 시문에 탁월했다. 수학·천문·서도·음악 등에도 재주가 뛰어났음.

제6장

안분편
安分篇

편안한 마음으로 분수를 지키며 살아라

안분(安分)은 분수라는 뜻으로,
편안한 마음으로 분수를 지키라는 내용입니다.
사람이란 부와 명예를 끊임없이 갈구하는 존재입니다.
그러나 지나친 욕망은 우리를 불행하게 만들기도 합니다.
스스로 만족함을 알고, 사리를 분별하여 편안한 마음으로
분수를 지키며 살아간다면 더 풍족한 삶을 살게 됩니다.

1 ── 만족이 즐거움을, 욕심이 근심을 낳는다

景行錄에 云

知足可樂이요 務貪則憂니라

『경행록』에 이르기를, "만족할 줄 알면 즐거울 것이요, 욕심에
힘쓰면 근심이 있느니라."라고 하였습니다.

인간이 불행과 파멸에 빠지는 주된 원인은 바로 탐욕입니다. 탐욕은 마땅한 한계를
넘어서서 더 많이 가지려는 마음으로, 결국 스스로를 괴롭히고 무너뜨립니다.
도가 사상의 창시자 노자도 "만족할 줄 모르는 것만큼 큰 재앙은 없고, 끝없는 욕망만
큼 큰 불행은 없다"며 자제와 자족의 중요성을 강조했습니다.

진정한 평안은 과도한 욕심을 내려놓는 데서 시작됩니다. 욕망은 소유에 집착하게 만
들고, 소유하지 못한 것에 대한 불안과 불만은 삶을 고통스럽게 만듭니다. 결국 만족
을 모르면 근심과 걱정 속에 인생을 허비하게 됩니다.

그러므로 욕심을 절제하고, 필요한 만큼에 만족할 줄 아는 태도가 필요합니다. 마음
을 다스리고 욕망을 통제하는 훈련을 통해 우리는 진정한 기쁨과 평안을 찾을 수 있
습니다. 자족은 삶의 질서를 바로 세우고, 스스로의 주인이 되는 첫걸음입니다.

진정한 만족은 더 많은 것을 가지려는
욕심에서 오는 것이 아니라, 이미 가진 것에 감사하고
자족하는 마음에서 평화와 고요함을 찾을 수 있다는 것이다.

올바른 인성 만들기를 위한 실천

◇ 욕심을 줄이고 불필요한 소비나 활동을 줄이는 습관을 기르기

◇ 지나친 욕망에서 벗어나 마음의 평정을 유지하는 방법을 찾기

◇ 자원봉사나 공동체 활동에 참여해 나눔을 실천하기

* 지족(知足) : 만족함을 알다.

* 무탐(務貪) : 힘써 재물을 탐하다.

2 ── 만족하는 사람과 만족하지 못하는 사람의 차이

知足者는 貧賤亦樂이요 不知足者는 富貴亦憂니라

"만족함을 아는 사람은 가난하고 천하여도 역시 즐거울 것이요, 만족함을 모르는 사람은 부하고 귀해도 역시 근심하느니라."라고 하였습니다.

어른이 되기 위한 지혜의 숲

자신의 처지와 분수를 알고 마음을 다스리며 만족할 줄 아는 사람은, 경제적으로 어려운 상황에 처하거나 사회적 지위가 낮더라도 이를 자신의 운명으로 받아들이며 기쁨과 평안을 찾을 수 있습니다.

여기서 말하는 분수의 '분(分)'은 각자에게 주어진 몫을 의미하며, 이는 무리하지 않고 감당할 수 있는 범위 내에서 자신의 삶을 꾸려가는 지혜를 나타냅니다.

자신의 분수를 안다는 것은 욕망과 집착에 휘둘리지 않고, 현실에 맞게 사는 방법을 아는 것입니다. 분수에 맞춰 살아가는 사람은 비록 재산이 많지 않거나 높은 지위를 갖고 있지 않더라도 마음속 깊은 만족과 평안을 느끼며, 이를 통해 자신의 인생에 대한 긍정적인 관점을 가질 수 있습니다.

결국, 스스로의 분수를 알고 만족할 줄 아는 삶이야말로 진정한 행복과 평안을 가져오는 길입니다. 지나친 욕망을 버리고 분수에 맞게 살아가려는 마음가짐이 올바른 성인으로 성장하는 지름길입니다.

자신의 분수를 알고 만족하는 자는
가난 속에서도 즐거움을 찾지만,
욕심에 눈먼 자는 풍요 속에서도 불안이 떠나지 못한다.

올바른 인성 만들기를 위한 실천

◇ 자신이 잘하는 것과 부족한 부분을 파악하기

◇ 매일 하루에 감사한 일 세 가지를 기록하는 습관 기르기

◇ 주변 친구들과 나를 비교하지 않기

* 빈천(貧賤) : 가난하고 신분이 천함.

* 부귀(富貴) : 부유하고 신분이 높음.

3 ── 만족할 줄 아는 마음

知足常足이면 終身不辱하고 知止常止면 終身無恥니라

"만족할 줄 알아 항상 만족하면 평생토록 욕된 일을 당하지
않고 그칠 줄 알아 항상 그치면 평생토록 부끄러운 일을 당하지
않는다."라고 하였습니다.

어른이 되기 위한 지혜의 숲

사람은 만족할 줄 알고, 멈출 때를 아는 것이 중요합니다. 자신의 한계를 돌아보며 분수에 맞게 살아가는 태도는 삶의 평온을 유지하는 핵심입니다.
분수를 알고 만족할 줄 아는 사람만이 진정한 행복을 누릴 수 있으며, 이러한 마음가짐은 자신뿐 아니라 타인과의 관계에도 긍정적인 영향을 미칩니다.

반면, 자신의 처지를 인정하지 않고 끊임없이 불만을 품거나, 부족한 것을 채우기 위해 탐욕에 빠지게 되면, 결국 마음의 안정을 얻지 못하고 불안과 고통 속에서 살아가게 됩니다.
불만과 탐욕은 결코 원하는 바를 완전히 이룰 수 없으며, 끝없는 갈증만 남기고 진정한 만족을 가져다주지 못합니다.

따라서 우리는 스스로에게 주어진 것에 감사하고, 자기 몫을 인정하며 자족하는 지혜를 배워야 합니다. 자신의 분수를 알고 그에 맞게 행동하는 삶은 내면의 평안을 지키고, 타인과 조화롭게 살아가는 데 필수적인 자세입니다.

자신의 분수에 만족하는 자는 평안을 얻고,
탐욕에 빠진 자는 불안에 갇힌다.

올바른 인성 만들기를 위한 실천

◇ 오늘 느낀 만족감이나 불만족의 원인을 기록하기

◇ 오늘 느낀 감사한 일을 세 가지씩 적어보기

◇ 자원봉사를 통해 타인과의 관계를 돈독히 하기

* 지족상족(知足常足) : 만족할 줄 알아서 항상 만족함.

* 불욕(不辱) : 욕된 일을 당하지 않음.

* 지지상지(知止常止) : 그칠 정도를 알아서 항상 알맞게 그침.

* 무치(無恥) : 부끄러운 일이 없음.

4 —— 자만하지 말고 겸손하라

서   왈

書에 曰

만 초 손   겸 수 익

滿招損하고 謙受益이니라

『서경』에 말하기를, "가득 차서 넘치면 손해를 보고, 겸손하면 이익을 얻는다."라고 하였습니다.

어른이 되기 위한 지혜의 숲

『서경』에서는 "가득 차서 넘치면 손해를 보고, 겸손하면 이익을 얻는다"라고 말합니다. 겸손은 자기를 낮추고 자만하지 않으며, 타인을 배려하고 존중하는 성숙한 태도입니다. 진정으로 지혜롭고 성숙한 사람은 자신의 재능이나 성과를 자랑하지 않고, 조용히 그 가치를 드러냅니다.

많은 것을 아는 사람일수록 침묵하며, 벼가 익을수록 고개를 숙이듯 낮은 자세를 유지합니다. 반면 자만과 과시는 불화를 일으키고, 타인의 반감을 사며, 결국 자신을 고립시킵니다. 권력이나 부, 지식도 겸손이 없으면 오히려 스스로를 해치는 칼이 됩니다.

겸손은 내면의 단단함에서 비롯되는 덕목이며, 타인과 조화를 이루고 자신을 지키는 지혜입니다. 겉으로 드러내기보다 내면을 다지는 이 미덕은, 의미 있는 삶으로 이끄는 조용한 힘입니다.
진정한 어른이 된다는 것은 바로 이 겸손함을 삶 속에서 실천하는 것임을 우리는 잊지 말아야 합니다.

겸손은 자신을 낮추는 것이 아니라,
스스로를 다스릴 줄 아는 사람이 선택하는
가장 품위 있는 삶의 방식이다.

올바른 인성 만들기를 위한 실천

◇ 겸손하게 행동하지 못했던 순간을 기록하고 반성하기

◇ 다른 친구들이 제안하는 아이디어를 경청하기

◇ 지역 사회의 노인 요양원이나 아동 복지시설에서 봉사 활동하기

* 서경(書經) : 시경(詩經), 주역(周易)과 함께 삼경(三經)의 하나로, 중국의 요순시대부터 주나라
말엽까지 제왕들의 정치에 관한 기록을 공자(孔子)가 수집하여 편찬한 책이다.

5 ⎯⎯ 분수를 지키며 산다는 것은

安分吟에 曰

安分身無辱이요 知機心自閑이니

雖居人世上이나 却是出人間이니라

> 『안분음』에 말하기를, "편안한 마음으로 분수를 지키면 몸에
> 욕됨이 없을 것이요, 세상 돌아가는 이치를 알면 마음이 스스로
> 한가해지니, 비록 인간 세상에 살아도 도리어 인간 세상에서
> 벗어나는 것이니라."라고 하였습니다.

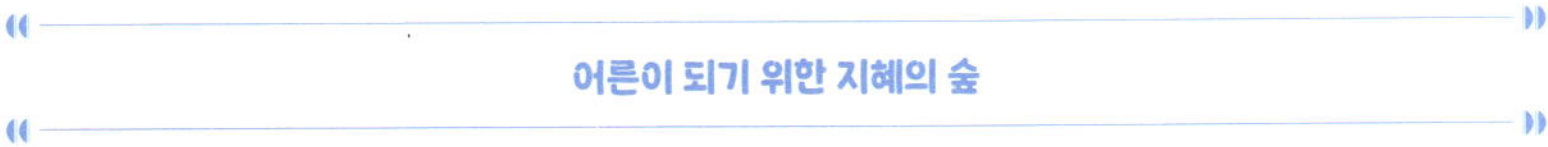

자신의 분수를 지키고 무리한 욕심을 따르지 않는다면, 해를 입거나 부끄러운 일을 당할 일이 없습니다. 세상의 이치를 깨달으면 마음에 평화가 찾아오고, 비록 인간 세상에 살고 있더라도 그 마음은 세속을 초월할 수 있습니다.

'안빈낙도(安貧樂道)'는 가난함 속에서도 편안함을 느끼고, 도를 즐긴다는 뜻입니다. 이는 단지 물질적 가난을 뜻하는 것이 아니라, 재물과 욕심에 집착하지 않고 자신의 삶을 온전히 받아들이며 즐길 줄 아는 태도를 의미합니다.

중요한 것은 가진 것의 많고 적음이 아니라, 마음의 청렴과 절제입니다. 탐욕과 집착을 내려놓고, 자신의 삶을 진실하게 받아들이는 것이야말로 진정한 자유와 평화로 나아가는 길입니다. 마음을 닦고 다스리는 수양은 우리 삶을 더욱 깊이 있고 조화롭게 만들어줍니다.

자기 분수를 지키며 탐욕을 버릴 줄 아는 사람은,
비록 세속에 살아도 마음은 고요한 도에 머무는 법이다.

올바른 인성 만들기를 위한 실천

◇ 하루 동안 감사했던 일이나 경험 등을 적어보기

◇ 물건을 구매하기 전에 그것이 정말 필요한지, 충분히 고민하기

◇ 도서관에서 마음의 평화를 찾는 관련 서적 찾아 읽어보기

* 안분음(安分吟) : 중국 송나라 때의 시(詩)로, 편안한 마음으로 자기의 분수를 지켜 나가는 경지를
노래하고 있음.

* 안분(安分) : 편안한 마음으로 분수를 지킴.   * 지기(知機) : 세상 돌아가는 이치를 앎.

* 심자한(心自閑) : 마음이 저절로 한가로움.   * 출인간(出人間) : 인간 세상을 벗어남.

제7장

존심편
存心篇

마음을 보존하라

존심(存心)이라는 뜻은
마음을 보존하라는 말입니다.
철저한 자기관리를 통해 세상의 고통을
이겨낼 수 있은 힘을 기르고, 세상만사 마음먹기에
달려 있으니 마음을 다스리고 평정심을
유지하기를 가르치고 있습니다.

1 ── 몸가짐을 바르게 하라

景行錄에 云하기를

坐密室이라도 如通衢하고

馭寸心이라도 如六馬하면 可免過니라

『경행록』에 이르기를, "밀실에 앉았더라도 사방이 통한 길거리에 앉아 있는 것처럼 하고, 작은 마음을 다스리는 것은 마치 여섯 필 말을 부리듯 하면 허물을 피할 수 있다."라고 하였습니다.

어른이 되기 위한 지혜의 숲

아무도 보지 않는다고 해서 함부로 말하거나 행동해서는 안 됩니다. 오히려 자신이 늘 주목받고 있다고 생각하고, 사소한 마음가짐이라도 신중해야 화를 피할 수 있습니다. 이는 자기 통제와 책임감의 중요성을 강조합니다.

학교에서 선생님이 없을 때 친구들과 과도한 장난이나 말다툼을 하며 상처를 주는 경우가 많지만, 누군가가 없다고 해서 함부로 행동하는 것은 잘못된 생각입니다.

혼자 있을 때도 누군가가 자신을 보고 있다고 상상하며, 감정을 조절하고 신중하게 행동해야 합니다. 이렇게 함으로써 자신을 보호하고 불이익을 피할 수 있습니다.

결국, 외부 환경에 상관없이 올바른 행동을 유지하는 것이 중요합니다. 몸가짐과 행동을 신중히 하는 태도는 개인의 성장을 넘어서, 사회적 관계와 타인에게 긍정적인 영향을 미치는 삶을 만드는 데 기여할 것입니다.

아무도 보지 않는 곳에서도
신중하게 행동하며 자기 통제와
책임감을 잃지 않는 것이 진정한 성숙의 길이다.

올바른 인성 만들기를 위한 실천

◇ 자습이나 휴식 시간에 자신이 어떻게 행동하고 있는지를 점검하기

◇ 항상 누군가가 자신을 보고 있다고 상상하며 행동하기

◇ 다른 사람의 감정을 존중하고 배려하는 태도를 기르기

* 통구(通衢) : 사방이 통한 네거리.

* 어촌심(馭寸心) : 작은 마음을 다스리는 것.

* 육마(六馬) : 여섯 필의 말. 여기서는 여섯 필의 말이 끄는 수레를 말함.

2 ── 양보하고 겸손하라

子曰에

聰明思睿도 守之以愚하고　功被天下라도 守之以讓하고

勇力振世라도 守之以怯하고　富有四海라도 守之以謙이니라

공자가 말하기를, "총명하고 지혜롭더라도 어리석음으로 그것을
지키고 공이 세상을 덮을 만하더라도 양보하는 마음으로 지켜야
하고 용맹이 세상에 떨치더라도 두려워하는 마음으로 지켜야
하고, 세상을 다 가질 만큼 부유하더라도 겸손한 마음으로
지켜야 한다."라고 하였습니다.

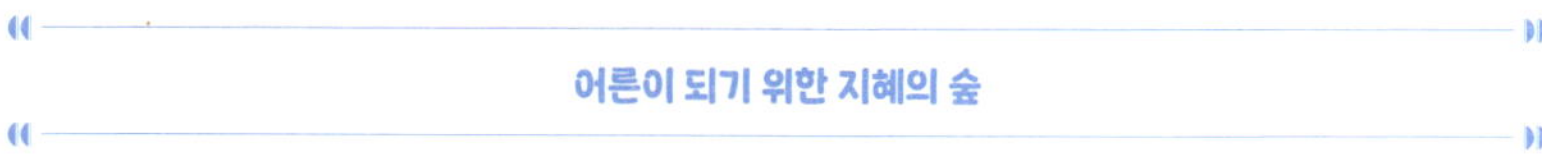

어른이 되기 위한 지혜의 숲

공자는 우리가 지혜롭고 총명하다고 해도, 겸손한 마음을 잃지 말라고 가르칩니다. 지혜를 잘 지키기 위해서는 교만해지지 않고, 항상 겸손한 태도를 유지하는 것이 중요합니다. 자만심은 실수를 부를 수 있으니, 스스로를 낮추고 다른 사람을 존중하는 자세가 필요합니다.

또한, 용기가 세상에 알려져도 그 힘을 잘 다루기 위해서는 두려움과 책임감을 잊지 말아야 합니다. 용기는 중요한 자질이지만, 남을 해치거나 무시하지 않도록 항상 조심해야 합니다.

부유함도 마찬가지입니다. 많은 재산이 있다면, 자랑하거나 과시하지 말고 겸손하게

행동해야 합니다. 자랑이 시기와 질투를 불러올 수 있기 때문에, 친구들과의 관계를 소중히 여기고 겸손한 마음을 유지하는 것이 필요합니다.

결국, 공자의 가르침은 우리가 지혜롭고 용감하며 부유하더라도, 이를 지키기 위해서는 겸손과 배려, 그리고 책임감이 중요하다는 것입니다. 이런 태도를 가지고 성장하면, 더 나은 사람으로 자라날 수 있을 것입니다.

명심 명언 한 문장

지혜, 용기, 부유함을 지킬 수 있는
진정한 힘은 겸손과 책임감에서 나온다.

올바른 인성 만들기를 위한 실천

◇ 친구가 잘못된 선택을 할 때, 지적하기보다 조심스럽게 조언 해주기

◇ 친구가 잘한 일이 있다면 칭찬하고, 함께 기뻐해주기

★ 사예(思睿) : 생각하고 슬기롭다. ★ 수지(守之) : 지키다.

★ 진세(振世) : 세상에 떨치다. ★ 사해(四海) : 온 세상.

3 —— 베풀고 바라지 마라

素書에 云하기를

薄施厚望者는 不報하고　貴而忘賤者는 不久니라

『소서』에 이르기를, "조금 베풀고 많은 걸 바라는 사람에게는
보답이 없고, 귀하게 된 후에 비천했던 때를 잊는 사람은 오래
가지 못한다."라고 하였습니다.

어른이 되기 위한 지혜의 숲

이 말씀은 진정한 보답이란 대가를 바라지 않는 나눔에서 비롯되며, 과거의 어려웠던
시절을 잊지 말라는 중요한 경고입니다.

인간의 참된 기쁨과 만족은 소유의 양에 있는 것이 아니라, 나눔을 통해 찾을 수 있습
니다. 진정한 나눔이란 어떠한 대가도 바라지 않고, 조건 없이 기쁜 마음으로 남에게
베푸는 것을 의미합니다.

일상 속에서 우리는 종종 자신은 적게 베풀면서도 상대에게 많은 보답을 기대하는 모
습을 봅니다. 하지만 이러한 태도는 관계의 진정성을 해치고, 신뢰를 무너뜨릴 수 있
습니다. 진정한 나눔은 어떤 대가도 바라지 않고, 기쁜 마음으로 베푸는 데에서 시작
됩니다.

자신이 했던 작은 도움에 대해 큰 보답을 바라는 마음보다, 과거 자신이 어려웠던 시
절을 되새기며 선한 마음으로 행동하는 자세가 중요합니다. 이런 삶의 태도는 우리가
서로를 존중하고 함께 성장할 수 있는 기반이 되며, 결국 더 나은 사회를 만들어가는
길이 됩니다.

진정한 기쁨은 소유가 아닌 나눔에서 비롯되며,
대가 없는 베풂이야말로 삶의 본질을 이루는 힘이다.

올바른 인성 만들기를 위한 실천

◇ 학교나 학급에서 진행하는 행사에 자발적으로 참여하기

◇ 지역 사회에서 진행하는 기부나 환경 보호 활동에 참여해 보기

◇ 소셜 미디어 계정을 활용하여 긍정적인 글이나 메시지 올리기

* 소서(素書) : 중국 병술 학자인 황석공(黃石公)이 지어 장량(張良)에게 전했다고 하는 병법서이다.

　장량이 그 이치를 터득한 후에 한나라의 고조(高祖)를 도와 천하를 통일했다고 한다.

* 박시(薄施) : 남에게 적게 베풂.　　* 불보(不報) : 보답이 없음.

* 망천(忘賤) : 천하게 지냈던 때를 잊음.　* 불구(不久) : 오래가지 못함.

4 —— 은혜를 베풀고 후회하지 마라

施恩勿求報하고 與人勿追悔하라

> "은혜를 베풀거든 그 보답을 구하지 말고 남에게 주었거든 후에
> 뉘우치지 말아라."라고 하였습니다.

《《 ————————————————————————— 》》
어른이 되기 위한 지혜의 숲
《《 ————————————————————————— 》》

『채근담』에서는 "은혜를 베푸는 사람이 내가 누구를 도왔다든가 누가 내 도움을 받았다든가 하는 것을 굳이 드러내지 않는다면 그가 베푼 한 말의 곡식은 만 섬의 은혜와 맞먹는다. 그러나 남에게 이로움을 주는 사람이 내가 남에게 베푼다는 생각을 가지고 그것을 따져서 갚기를 바란다면 비록 수천 냥의 많은 돈을 주었다고 해도 단 한 푼의 공도 되지 않고 보람이 없게 될 것이다"라고 말하고 있습니다.

이 말씀은 진정한 베풂의 마음은 언제나 순수하고 선해야 하며, 그렇게 해야만 베푸는 사람에게는 축복이 찾아오고 받은 사람에게는 진정한 은혜가 될 수 있다는 가르침입니다.
은혜를 베푸는 행위는 그 자체로서 고귀한 미덕이지만, 그 행동의 결과나 대가를 염두에 두고 바라서는 안 됩니다.

반면, 어떤 이유로든 남에게 주고 난 후에 그 대가를 다시 요구하는 것은 지극히 치사한 행동이며, 결코 바람직하지 않습니다.
진정한 나눔과 베풂은 이기심이나 계산이 없는 상태에서 이루어져야 하며, 그리하여 우리는 서로를 존중하고 더불어 살아가는 삶의 가치를 실현할 수 있습니다.

진심으로 베풀었다면,

기억하지 않는 것이 더 큰 미덕이다.

◇ 무거운 짐을 들어주거나, 쇼핑을 도와주고, 집안일을 도와주기

◇ 친구가 어려움을 겪고 있을 때, 상황을 이해하고 도와주기

◇ 물건을 빌려줄 때, 그에 대한 보상을 바라지 않기

* 시은(施恩) : 은혜를 베풀다. * 여인(與人) : 남에게 주다.

* 추회(追悔) : 후회하다.

5 —— 생각은 깊게, 마음가짐은 조심스럽게 하라

念念要如臨戰日하고   心心常似過橋時니라

"생각하고 생각하는 것은, 싸움터에 나가는 날과 같이하고,
마음가짐은 항상 외나무다리를 지나갈 때처럼 조심하라."라고
하였습니다.

어른이 되기 위한 지혜의 숲

"돌다리도 두드려보고 건너라"라는 옛말은 어떤 사안에 대해 긴장하고 대비하는 것이
얼마나 중요한지를 강조합니다. 이 말은 우리가 뜻밖의 상황에 직면했을 때 효과적으
로 대처할 수 있도록 도와주는 지혜를 담고 있습니다.

인간은 자신의 생각에 따라 행동하며, 잘못된 판단이나 부정확한 생각은 실패를 초래
할 수 있습니다. 목표를 설정하고 일을 진행할 때는 항상 신중한 마음가짐을 갖고 깊
이 생각해야 합니다. 특히, 긴박한 상황에서는 냉철한 판단과 신중한 행동이 필수적입
니다.

과거의 외나무다리는 폭이 좁고 위험했기에, 다리를 건널 때마다 더욱 조심스러운 마
음가짐이 요구되었습니다. 이와 마찬가지로 중요한 결정을 내릴 때 우리는 더 조심스
럽게 접근해야 합니다.
신중함은 안전하게 일을 진행하고 실수를 피하는 데 도움을 주며, 올바른 길로 나아
가는 데 필수적인 요소입니다. 결국, 세심하게 내딛는 한걸음이 더 큰 성공으로 이어
지며, 삶의 도전을 효과적으로 극복하게 합니다.

신중한 마음가짐은 인생의 외나무다리를
안전하게 건너는 지혜입니다.

올바른 인성 만들기를 위한 실천

◇ 어떤 일을 시작하기 전, 정보를 수집하고 준비하는 습관 기르기

◇ 중요한 결정을 내리기 전에는 항상 한 번 더 생각해 보기

◇ 실수를 두려워하지 말고, 실수한 경우에는 그 경험을 기록하기

* 염념(念念) : 생각하고 생각함. * 요(要) : '반드시 ~해야 한다'라는 뜻.

* 심심(心心) : 마음가짐.　　* 사(似) : '~과 같다'라는 뜻.

6 —— 나라의 법을 지켜라

懼法朝朝樂이요　欺公日日憂니라

"법을 두려워하면 아침마다 즐거울 것이요, 나라의 일을 속이면
날마다 근심이 되느니라."라고 하였습니다.

어른이 되기 위한 지혜의 숲

법은 사회 구성원 간의 공동 약속으로, 각자의 안녕과 사회 질서를 유지하기 위해 반드시 지켜야 할 규범입니다. 이러한 약속을 지키는 행위는 준법의 일환이며, 반대로 이를 어기는 것은 위법, 즉 불법으로 간주합니다.
법은 기본적으로 지키기 위해 존재하며, 이 법이 지켜지지 않으면 사회는 혼란에 빠지고 공동체의 존립마저 위태로워질 수 있습니다.

법을 지키는 것은 일상생활의 작은 규칙부터 시작해야 합니다. 이는 개인적인 약속을 지키는 것에서부터, 경기장이나 학교에서의 규칙, 교통법규 등 다양한 사회생활의 규칙을 준수하는 데까지 확장됩니다.
이러한 작은 규칙들을 성실히 지키는 것이 올바른 어른으로 성장하는 초석이 될 것입니다.

결국, 법을 존중하고 지키는 태도는 사회의 일원으로서 책임 있는 행동이며, 건강하고 안전한 사회를 만드는 데 기여하게 됩니다.
따라서 우리는 법을 지키는 것이 단순한 의무가 아닌, 더 나은 공동체를 만들어가는 과정임을 인식하고 실천해야 합니다.

법은 사회의 공동 약속으로,
이를 지킴으로써 개인과 공동체의
질서를 유지하는 기본 원칙이다.

◇ 학교의 수업 규칙과 교내 규칙을 지키는 것부터 시작하기

◇ 횡단보도를 이용하고, 신호를 지키기

◇ 시험이나 과제에서 부정행위를 하지 않고, 정직한 태도로 임하기

* 구법(懼法) : 법을 두려워하다.　　* 조조락(朝朝樂) : 아침마다 즐겁다.

* 기공(欺公) : 나라의 일을 속이는 것.　* 일일우(日日憂) : 날마다 근심스럽다.

7 —— 입은 병마개처럼, 생각은 성벽처럼 하라

朱文公이 曰

守口如瓶하고 防意如城하라

주문공이 말하기를, "입 단속하기를 병마개 막듯 하고, 생각을 막는 것을 성벽같이 하라."라고 하였습니다.

❝ ──────────────────────────────── **❞**
어른이 되기 위한 지혜의 숲
❝ ──────────────────────────────── **❞**

'남아일언중천금(男兒一言重千金)'이라는 속담은 남자의 한마디가 천금과 같은 무게와 가치를 지닌다는 뜻으로, 이 말은 우리의 언어가 지니는 힘과 그에 따른 책임을 강조합니다.

즉, 말은 입을 통해 나오는 것이지만, 그 말이 한 번 뱉어지면 결코 다시 되돌릴 수 없으며, 그에 따른 책임이 반드시 뒤따른다는 경고입니다.

우리의 속담 중 "담에도 귀가 달려 있다"는 말은, 아무리 사적인 공간일지라도 다른 이가 들을 가능성을 염두에 두고 말을 삼가야 한다는 의미입니다.

잘못된 발언이 소문으로 퍼져나가고, 그 소문이 진실로 받아들여지게 되면, 당사자에게 심각한 상처를 주고, 때로는 그들의 삶을 위협하는 상황을 초래할 수 있습니다.

따라서 우리의 언어는 마치 병마개처럼 신중히 다뤄져야 하며, 특히 친구나 가까운 관계일수록 더 조심해야 합니다. 말에는 책임이 따르고, 이를 자각할 때 우리는 더 성숙한 어른으로 성장하며, 건강한 관계를 지켜갈 수 있습니다.

말은 입에서 나오는 순간 책임이 되고,
그 무게는 때론 천금보다 더 무겁다.

올바른 인성 만들기를 위한 실천

◇ 감정을 솔직하게 표현하되, 타인에게 상처가 되지 않도록 하기

◇ 공적인 장소에서는 말을 더 조심스럽게 하는 신중함을 가지기

◇ 대화를 시작하기 전에 자신의 말을 깊이 생각해 보기

* 주문공(朱文公) : 중국 남송(南宋)의 유학자인 주자(朱子)를 가리키는 말이며, 이름은 희(熹), 자는
원회(元晦)로 송학(宋學)을 대성하여 성리학을 크게 이룩한 대학자임.

8 ── 부끄러운 일은 얼굴에 나타난다.

심 부 부 인　　면 무 참 색
心不負人이면　面無慙色이라

> "마음이 남을 저버리지 않았으면 얼굴에 부끄러운 기색이
> 드러나지 않는다."라고 하였습니다.

어른이 되기 위한 지혜의 숲

신체 언어라는 개념은 사람과 사람 사이의 의사소통에서 언어 외에도 중요한 비언어적 소통 방식이 존재함을 강조합니다.

신체 언어의 여러 형태 중에서도 얼굴 표정은 가장 보편적이고 강력한 의사소통의 수단 중 하나입니다. 공포, 분노, 슬픔, 기쁨, 놀라움, 행복과 같은 다양한 감정이 얼굴에 그대로 드러납니다. 이는 우리가 의사소통할 때 언어로 표현되는 내용 외에도 얼굴에 나타나는 감정 표현이 얼마나 중요한지를 잘 보여줍니다.

이처럼 위 말씀의 핵심은 "다른 사람의 마음을 저버리지 않으면 얼굴빛이 붉힐 일이 없다"는 것입니다. 남에게 좋은 마음을 품으면 자연스레 얼굴에 행복한 표정이 드러나고, 반대로 나쁜 마음을 가질 때 부끄러운 표정이 나타납니다.

결국, 얼굴의 빛은 그 사람의 마음과 감정의 거울이 됩니다. 그러므로 다른 사람을 원망하거나 미워하지 않고, 부끄러운 일을 피하며, 선하고 밝은 감정을 표현하는 올바른 어른으로 성장해야 합니다.

마음의 언어는 얼굴에 표현되기에
따뜻하고 정직한 감정을 간직하고
타인을 배려하는 것이 참된 어른이 되는 길이다.

올바른 인성 만들기를 위한 실천

◇ 상대방의 기분을 배려하는 언어를 선택하여 말하기

◇ 자신의 얼굴 표정을 관찰하여, 어떻게 변하는지 살펴보기

◇ 친구들과 대화할 때 눈을 맞추고, 미소를 지으며 말하기

* 부인(負人) : 남을 저버리다. 또는 배반하다.

* 참색(慙色) : 부끄러워하는 기색.

9 —— 자신을 용서하는 사람은 성장할 수 없다

경행록 운
景行錄에 云하기를

책 인 자 부 전 교   자 서 자 불 개 과
責人者不全交요 自恕者不改過니라

> 『경행록』에 이르기를, "남을 꾸짖는 자는 사귐에 온전할 수 없고
> 자기를 용서하는 자는 허물을 고치지 못하느니라" 하였습니다.

사람은 대인 관계를 원활하게 유지하기 위해서 먼저 자기 자신을 용서하는 마음으로 남을 용서하고, 반대로 남을 책망하는 마음으로 자신을 성찰해야 합니다. 이러한 마음가짐은 건강한 관계를 형성하는 데 필수적입니다.

자신의 잘못을 쉽게 용서하고 합리화하려는 대신, 오히려 그럴수록 자신의 잘못을 더욱 엄격하게 바라보고 반성해야 합니다.
자기의 결점을 인식하고 이를 개선하기 위한 노력을 통해, 올바른 성격을 형성하고 대인 관계를 개선할 수 있습니다. 스스로 다시는 같은 잘못을 반복하지 않겠다는 결심과 반성은 개인의 품성을 올곧고 바르게 만드는 중요한 과정입니다.

결국, 자기 자신에게는 엄격하고 타인에게는 너그러운 태도를 갖춘 어른으로 성장하는 것이 우리의 목표입니다. 이러한 균형 잡힌 마음가짐이야말로 진정한 인간관계를 형성하고, 더 나아가 서로를 존중하며 함께 성장할 수 있는 기반이 될 것입니다.

자기 성찰을 통해 자신을 엄격히 대하고,
남에게는 너그러움을 잃지 않는 것이
온전한 대인 관계의 기초다.

올바른 인성 만들기를 위한 실천

◇ 친구에게 실수를 했거나 상처를 주었다면, 즉시 인정하고 사과하기

◇ 다른 친구의 행동이나 말을 비판하기 전에, 항상 나를 돌아보기

◇ 매일 그날의 언행과 감정을 기록하기

* 책인(責人) : 남을 꾸짖음.　　* 전교(全交) : 남과 온전하게 사귐.

* 자서(自恕) : 스스로 용서하는 것.　* 개과(改過) : 허물을 고침.

10 ── 이익만을 위해 계획하지 마라

爾謀不藏이면 悔之何及이며

爾見不長이면 敎之何益이리오

利心專心則背道요 私意確則滅公이니라

"너의 계획이 옳지 않으면 후회한들 무슨 소용이 있겠으며, 너의 견해가 바르지 못하면 가르친들 무엇이 유익하겠는가. 이익만을 생각한다면 도리에 어긋날 것이고, 사사로운 마음이 굳어지면 공적인 일을 망치게 된다."라고 하였습니다.

어른이 되기 위한 지혜의 숲

사람은 누구나 미래를 위한 계획을 세우고 그것을 실천해 나가지만, 그 과정이 옳고 정당해야 진정한 의미가 있을 수 있습니다. 목표가 분명하고 실행 계획이 합리적이면, 후회할 일이 줄어들고 바른 방향으로 나아갈 수 있습니다.

또한 계획은 개인의 이익만을 위한 것이 아니라, 함께 나누고 더불어 살아가는 삶을 위한 것이어야 합니다. 진정한 성공은 타인의 도움과 희생 위에서 이루어지는 만큼, 그 결과를 나누려는 마음가짐이 중요합니다.

결국 우리는 이기심을 내려놓고, 올바른 가치관과 책임감을 바탕으로 더 나은 사회를 함께 만들어가는 성숙한 사람으로 성장해야 합니다. 이는 단지 개인의 발전이 아니라, 모두가 함께 더 나은 세상을 만들어가는 성숙한 자세라 할 수 있습니다.

미래의 계획은 개인의 꿈을 넘어서
그 성공을 함께 나누고 더불어 살아가는
사회를 만드는 기반이 되어야 한다.

올바른 인성 만들기를 위한 실천

◇ 환경 정화 활동이나 기획에 참여하여 친구들과 협력하기

◇ 진로 고민을 가진 후배에게 자신의 경험을 공유하는 활동하기

◇ 주말에 친구에게 밥이나 음료 사주기

* 이모(爾謀) : 너의 계획.　　　* 부장(不藏) : 착하지 못함.

* 부장(不長) : 뛰어나지 못함.　　* 이심(利心) : 자기만을 이롭게 하는 마음.

* 배도(背道) : 도리에 어그러짐.　　* 멸공(滅公) : 공공의 일을 망침.

제8장

계성편
戒性篇

성품을 경계하라

계성(戒性)이라는 뜻은
성품을 경계하는 말입니다.
성품을 경계하라는 의미는
인간의 심성에는 선과 악이 함께 있기 때문에
마음속의 선함을 지켜나가고 악에 흐르지 않도록
끊임없이 올바른 인격을 갖추며 살아가야 한다는 것입니다.

1 —— 분노를 참으면 근심을 면할 수 있다

인 일 시 지 분　면 백 일 지 우
忍一時之忿이면　免百日之憂이니라

> "한때의 분함을 참으면, 백 날 동안의 근심을 면할 수
> 있느니라."라고 하였습니다.

어른이 되기 위한 지혜의 숲

분노는 인간의 감정 중 가장 통제하기 어려운 것 중 하나로, 한순간의 격한 감정은 이성을 흐리게 하고 돌이킬 수 없는 말과 행동으로 이어질 수 있습니다. 분노에 휘둘리면 결국 자신과 타인 모두에게 상처를 주고, 깊은 후회를 남기게 됩니다.

로마 철학자 세네카는 "지연은 분노의 가장 좋은 치료 약"이라고 말했습니다. 이는 감정이 치밀어 오를 때 즉각적으로 반응하기보다, 잠시 시간을 두고 상황을 바라보는 태도가 필요하다는 의미입니다. 감정을 잠시 멈추고 자신을 진정시키면, 불필요한 갈등을 피하고 더 현명한 선택을 할 수 있습니다.

억울하고 분한 상황에서도 인내의 덕을 기르면, 결국 좋은 결과로 이어질 수 있습니다. 분노를 참고 견디는 태도는 자신을 성장시키고, 건강한 인간관계를 형성하며, 진정한 어른으로 나아가는 밑거름이 됩니다.
이는 단지 감정을 억제하는 것이 아니라, 더 깊은 이해와 성찰을 통해 자신을 다스리는 지혜를 기르는 과정임을 알아야 합니다.

분노를 다스리는 인내야말로,
우리를 더욱 깊고 단단한 어른으로 성장시킨다.

올바른 인성 만들기를 위한 실천

◇ 분노를 느낄 때는 신뢰할 수 있는 친구나 어른과 상담해 보기

◇ 분노가 치밀어오를 때, 심호흡을 통해 감정을 진정시키기

◇ 분노를 느낄 때 그 감정을 솔직하게 적어보기

* 인(忍) : 참다.　　* 분(忿) : 분노

* 일시(一時) : 한순간.　* 백일지우(百日之憂) : 백 일 동안의 근심.

2 ── 참고 경계하면 작은 일이 크게 되는 것을 막는다

得忍且忍이요 得戒且戒하라 不忍不戒면 小事成大니라

"참고 또 참으며 경계하고 또 경계하라. 참지 않고 경계하지
않으면 작은 일이 크게 되느니라."라고 하였습니다.

어른이 되기 위한 지혜의 숲

우리 주변에는 조금만 더 참고 견뎠다면 긍정적인 결과를 얻을 수 있었던 일이 많습니다. 그러나 인내심 부족으로 인해 그 고비를 넘기지 못하고 큰 후회를 남기는 경우도 자주 발생합니다. 이런 사례들은 뉴스에서도 심심찮게 접할 수 있습니다.

영국 작가 제인 오스틴은 "네 마음 밭에 인내의 나무를 심어라. 그 뿌리는 쓰지만, 그 열매는 달다"고 말했습니다. 인내의 과정은 힘들고 고통스럽지만, 그 결과는 결국 달콤하다는 의미입니다. 결국 인내는 더 나은 결과로 보상받는 가치 있는 과정입니다.

또한 옛말에 '백인(百忍)의 덕'이라는 표현이 있듯, 순간의 분노나 감정을 억제하고 참아내는 힘은 우리를 더욱 성숙하게 만듭니다. 인내는 단순히 참고 견디는 것을 넘어, 삶의 어려움을 극복하고 더 나은 미래를 만들어가는 과정입니다.
인내의 미덕을 쌓아가며 후회 없는 삶을 살아가려는 마음가짐이야말로 올바른 어른의 길로 이끌어 줄 것입니다.

참는다는 것은 고통을 견디는 일이 아니라,
더 나은 내일을 준비하는 조용한 침묵이다.

◇ 오늘 자신의 감정 조절 못 한 상황을 체크해 보기

◇ 친구나 가족에게 감정 관리 방법이나 인내심에 대해 상담하기

◇ 좋아하는 음악을 듣거나 하지 못했던 취미활동 해보기

* 득인(得忍) : 참을 수 있으면.

* 득계(得戒) : 경계할 수 있으면.

3 —— 화를 내며 옳고 그름을 가리지 마라

愚濁生嗔怒는 皆因理不通이라 休添心上火하고

只作耳邊風하라 長短家家有요 炎凉은

處處同이라 是非無相實하야 究竟摠成空이니라

“어리석고 못난 사람이 화를 내는 것은 모두가 이치를 알지
못한 탓이다. 마음에 불길을 더하지 말고, 다만 귓가를 스치는
바람결로 여겨라. 장점과 단점은 어느 집에나 있고, 세상의
따뜻하고 서늘한 것은, 어디든지 마찬가지이다. 옳고 그름은
본디 실상이 없어, 결국에는 모든 것이 부질없는 것이니라.”라고
하였습니다.

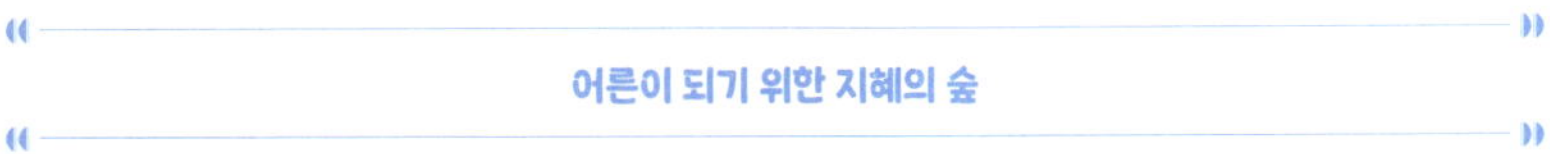

화를 내는 것은 참으로 어리석은 일입니다. 감정을 그대로 드러내면 자신의 성품이 드러날 뿐 아니라, 상황이 더 악화될 수 있습니다. 화가 치밀어 오를 때는 그 감정을 참고 흘려보내야 합니다. 마치 스쳐 지나가는 바람처럼 말입니다.

격한 감정을 억제하지 못하면 상대에게 불쾌감을 주고, 불필요한 갈등으로 번질 위험도 커집니다. 감정의 불길을 다스릴 줄 아는 사람만이 진정한 성숙함을 갖춘 사람이라 할 수 있습니다. 순간의 감정보다는 선한 성품으로 평가받는 것이 중요합니다. 그렇게 인내하고 절제하는 태도는 결국 우리를 좋은 사람으로 기억하게 만들고, 더 나은 관계를 이끄는 힘이 됩니다.

화를 참는다는 것은, 자신을 지키고
관계를 살리는 가장 현명한 지혜다.

올바른 인성 만들기를 위한 실천

◇ 상대방과의 소통에서 비폭력적인 대화를 해보기

◇ 운동을 통해 스트레스를 해소하고 감정을 발산하는 방법 찾기

◇ 신뢰할 수 있는 친구에게 나의 감정을 솔직하게 말하기

* 우탁(愚濁) : 어리석고 똑똑하지 못함.　　* 진노(嗔怒) : 크게 화를 냄.

* 지작(只作) : 다만 ~ 으로 여기다.　　* 염량(炎凉) : 더위와 추위

* 구경(究竟) : 마침내.　　* 성공(成空) : 비게 된다. (부질없다)

4 —— 말대꾸하지 말라

<ruby>惡人<rt>악인</rt></ruby>이 <ruby>罵善人<rt>매선인</rt></ruby>거든 <ruby>善人<rt>선인</rt></ruby>은 <ruby>摠不對<rt>총부대</rt></ruby>하라

악인 매선인 선인 총부대
惡人이 罵善人거든 善人은 摠不對하라

부대 심청한 매자 구열비
不對는 心淸閑이요 罵者는 口熱沸니라

정여인타천 환종기신추
正如人唾天하여 還從己身墜니라

"악한 사람이 착한 사람 꾸짖거든 착한 사람은 아예 대꾸하지 말라. 대꾸하지 않은 사람은 마음이 맑고 조용하지만, 꾸짖는 사람은 입이 뜨겁게 끓어오를 것이니라. 이는 마치 하늘을 향해 침을 뱉으면 다시 자기 몸에 떨어지는 것과 같으니라."라고 하였습니다.

어른이 되기 위한 지혜의 숲

요즘 사회는 개인주의와 이기주의가 팽배해 타인을 이해하거나 배려하려는 마음이 부족해지고 있습니다. 불편한 상황만 생기면 쉽게 욕설을 내뱉고 화를 내는 모습도 자주 보입니다. 물론 인간이기에 감정을 조절하는 것이 쉽진 않지만, 그렇다고 함부로 분노를 표출하는 것은 결국 자신의 인격을 드러내는 일이 됩니다.

누군가가 나를 헐뜯거나 욕한다 해도 굳이 맞서 싸우기보다는 조용히 외면하는 것이 오히려 마음을 평온하게 유지하는 길입니다. 감정적으로 대꾸하다 보면 오히려 더 큰 해를 입을 수 있습니다. 순간의 분노를 참는 인내는 결국 나 자신을 지키는 지혜입니다. 우리의 말과 행동은 곧 나를 보여주는 거울입니다. 늘 선하고 바른 언어를 통해 자신을 빛내고, 타인에게도 긍정적인 영향을 주는 사람이 되기를 바랍니다.

어떤 상황에서도 품위를 지키고
아름다운 언어로 자신을 표현하면,
내 마음도 넉넉해지고 세상이 더 따뜻해진다.

올바른 인성 만들기를 위한 실천

◇ 화가 날 때마다 감정을 조절할 수 있는 방법 찾기

◇ 친구나 주변 사람들과 대화할 때, 항상 긍정적인 언어를 사용하기

◇ 일상생활에서 다른 사람의 감정을 이해하려고 노력하기

* 매선인(罵善人) : 착한 사람을 꾸짖음.　　* 총부대(摠不對) : 대꾸하지 않음.

* 열비(熱沸) : 뜨겁게 끓어오름.　　* 정여(正如) : 바로 ~와 같다.

5 ── 남에게 욕설을 듣고도 무심하게 대처하라

我若被人罵라도 佯聾不分說하라

譬如火燒空하여 不救自然滅이라

我心은 等虛空이어늘 摠爾飜脣舌이니라

"내가 만약 남에게 욕설을 듣더라도 거짓으로 귀먹은 것처럼
하고, 시비를 가려서 말하지 말라. 비유하자면 불이 허공에
타다가 저절로 꺼지는 것과 같아, 내 마음은 텅 빈 허공과 같거늘,
늘 상대만 입술과 혀만 번거로울 뿐이니라."라고 하였습니다.

어른이 되기 위한 지혜의 숲

누군가의 욕설이나 비난을 듣더라도 감정적으로 반응하지 말고 차분하게 받아들이는
것이 중요합니다. "거짓으로 귀먹은 것처럼"이라는 표현은 상대방의 언행에 휘둘리지
않고 무관심하게 대하라는 뜻입니다.

인간의 그릇을 크게 하는 것은 상대를 존중하고 배려하는 마음에서 비롯됩니다. 욕설
을 주고받는 것은 결국 너그러움과 배려가 부족한 결과입니다. 만약 누군가가 나를
욕하더라도 귀를 닫고 반응하지 않는 것이 옳습니다. 대꾸하지 않으면 상대방은 지쳐
욕을 멈추고, 결국 그 언행은 그 사람의 인격을 드러내게 됩니다.

올바른 성인으로 성장하려면 옳고 그름을 따지려는 대신, 침묵하고 너그럽게 대하는
자세가 필요합니다.

타인의 비난에 감정적으로 반응하기보다는
침착하게 받아들이고, 너그러움으로 대처할 때
비로소 자신의 품격을 지킬 수 있다.

올바른 인성 만들기를 위한 실천

◇ 나의 인격을 높이는 긍정적이고 바른 언어 사용하기

◇ 타인의 비난이나 욕설에 대해 무관심으로 대처하고 자극하지 않기

◇ 명상이나 마음 챙김을 통해 자신의 감정을 점검하기

* 약(若) : 만약 ~ 한다면.　　　* 양롱(佯聾) : 귀먹은 척하다.

* 분설(分說) : 옳고 그름을 따지다.　　* 순설(脣舌) : 입술과 혀.

6 ── 인정을 베풀어라

凡事에 留人情이면 後來에 好相見이니라

"모든 일에 인정을 남겨두면 뒷날 만났을 때는 좋은 얼굴로 서로 만나게 되느니라."라고 하였습니다.

어른이 되기 위한 지혜의 숲

남을 먼저 생각하고 도와주려는 따뜻한 마음씨는 하늘이 내려준 본래의 성품을 가장 잘 드러내는 표현입니다. 이러한 성품은 남을 대하는 태도에서 자연스럽게 나타나며, 정직하고 부드럽고 공손하며 예의 바르게 행동하는 데 반영됩니다.

밝은 미소와 웃는 얼굴은 상대방의 기분을 좋게 할 뿐만 아니라, 호감과 친근감을 주는 역할도 합니다. "웃는 얼굴에 누가 침을 뱉으랴"라는 속담처럼, 웃음은 상대방과의 관계를 원활하게 하고, 서로의 본성을 지키는 중요한 방법이 됩니다.

그러나 오늘날 개인주의와 이기주의가 팽배한 사회에서는 사람 간의 마음과 마음의 교감이 더욱 필요합니다. 서로가 따뜻한 마음을 가지고 친절과 배려를 실천할 때, 이는 인간이 지닌 최고의 미덕으로 자리 잡을 것입니다.
결국, 이러한 따뜻한 마음이 사회를 더욱 풍요롭게 하고, 사람 간의 관계를 더욱 깊고 의미 있게 만들어 줄 것입니다.

따뜻한 마음과 배려는 사람 사이의 신뢰를 쌓고,
더 나은 세상을 만드는 지혜로운 길이다.

올바른 인성 만들기를 위한 실천

◇ 학교에서 친구의 기분이 안 좋아 보일 때 "괜찮아?"라고 물어보기

◇ 친구와 대화할 때 긍정적인 언어를 사용하고, 밝은 미소로 화답하기

◇ 노인 요양원 방문, 혹은 지역 행사에서 자원봉사자로 활동하기

* 범사(凡事) : 모든 일   * 유인정(留人情) : 인정을 베풂.

* 후래(後來) : 나중에   * 호상견(好相見) : 서로 좋은 얼굴로 봄.

제9장

근학편
勤學篇

부지런히 배우라

근학(勤學)은 배운다는 뜻으로
부지런히 배우고 익히라는 말입니다.
사람이 배우면 배울수록 사물의 이치를 알게 되고
인간의 도리를 갖추게 됩니다.
부지런함과 굳은 신념으로 배움에 게을리 하지 않고
성숙한 어른으로 성장하기를 바랍니다.

1 ── 배움과 실천을 통한 인(仁)의 길

子曰

博學而篤志하고 切問而近思면 仁在其中矣니라

공자가 이르기를 "널리 배우고 뜻을 굳건히 하고, 절실하게
묻고, 가까이 있는 것부터 생각하면 인은 그 가운데 있다."라고
하였습니다.

어른이 되기 위한 지혜의 숲

사람은 배움을 통해 세상을 살아가는 방법을 익히고, 올바른 생각과 행동을 통해 참
된 인간으로 성장할 수 있습니다. 그러나 배움은 결코 쉬운 일이 아니며, 꾸준한 노력
과 부지런함이 필요합니다. 인간은 평생을 배움 속에서 살아가기에, 항상 공부하는 마
음가짐이 중요합니다.

공자는 "뜻을 굳게 세우고 널리 배우며, 모르는 것은 부끄러워하지 말고 절실하게 물
으며 배워야 한다"라고 하였습니다. 누구나 처음에는 모르는 상태에서 출발하므로,
질문하고 배우는 자세는 부끄러운 것이 아니라 성장의 출발점입니다.

배움은 곧 공자가 강조한 인(仁)의 길이며, 이는 덕을 쌓고 사람의 도리를 갖추는 삶의
핵심입니다. 높고 멀리 있는 것이 아닌, 일상 속에서 실천하고 익혀가는 과정입니다.
부디 배움에 게으르지 않고, 부지런히 자신의 길을 찾아가는 성숙한 어른으로 자라나
길 바랍니다.

배움은 부지런한 노력 속에서
자신을 찾아가는 길이며, 참된 인간이 되는 과정이다.

◇ 모르는 것을 두려워하지 않고 적극적으로 질문하기

◇ 다양한 분야의 책을 읽고, 한 달에 한 권 읽기

◇ 배운 지식이나 도덕적인 교훈을 실제 생활에서 실천하기

* 박학(博學) : 넓게 배움.   * 독지(篤志) : 뜻을 굳게 함.

* 절문(切問) : 적절히 물음.   * 근사(近思) : 가까운 것부터 생각함.

2 —— 배우지 않으면 도리를 알지 못함

禮記에 曰

玉不琢이면 不成器하고 人不學이면 不知義이니라

『예기』에 말하기를, "옥은 다듬지 않으면 그릇이 되지
못하고, 사람은 배우지 않으면 도리를 알지 못하느니라."라고
하였습니다.

어른이 되기 위한 지혜의 숲

옥은 아무리 귀하고 아름다워도 갈고 닦지 않으면 그 진가를 드러낼 수 없습니다. 사람도 마찬가지입니다.

타고난 재능이 있다고 해도 배우고 수양하지 않으면 인간의 도리를 깨닫지 못하고, 참된 가치 있는 존재로 성장할 수 없습니다.

지식을 쌓는 것은 사람됨의 기본이지만, 인품을 닦는 일 또한 그에 못지않게 중요합니다. 훌륭한 사람을 만나면 그 덕을 배우고, 부족한 사람을 보면 반면교사 삼아 자신을 성찰해야 합니다. 이러한 과정이 쌓일수록 우리는 더욱 성숙한 인간으로 거듭납니다.

결국, 옥이 다듬어져야 빛나듯, 사람도 끊임없는 배움과 수양을 통해 진정한 아름다움을 지닐 수 있습니다. 지식과 인품의 조화가 바로 온전한 사람됨의 길이며, 우리는 늘 겸손히 자신을 돌아보며 그 길을 걸어야 합니다.

사람은 배움과 수양을 통해 자신을 다듬어야만
참된 가치를 지닌 인간으로 거듭날 수 있다.

올바른 인성 만들기를 위한 실천

◇ 훌륭한 인품을 가진 사람들에게서 배울 점을 찾아보기

◇ 다양한 분야의 책을 읽고, 새로운 지식을 지속적으로 습득하기

◇ 서점에 방문하여 관심 있는 분야의 책을 2권 구입하여 읽기

* 예기(禮記) : 시경, 서경, 주역, 춘추와 함께 오경(五經) 중의 하나로, 고대 중국의 제도와 예법

　등을 수록한 책이다.

* 불탁(不琢) : 다듬지 않음.　* 성기(成器) : 그릇을 만듦.

3 ── 배움 없는 삶은 어두운 길을 걷는 것과 같다

태공 왈
太公이 曰

인생불학 여명명야행
人生不學이면 如冥冥夜行이니라

> 태공이 말하기를, "사람이 배우지 않으면 마치 어둡고 어두운
> 밤길을 걷는 것과 같으니라"라고 하였습니다.

태공의 말씀처럼, 배움이 없는 사람은 인생의 길을 밝히지 못하고 쉽게 방향을 잃습니다. 오늘날 우리는 지식과 정보가 빠르게 변화하는 시대에 살고 있으며, 이 흐름 속에 적응하고 성장하기 위해서는 끊임없는 배움이 필수입니다.

정보화 사회에서 지식은 곧 경쟁력입니다. 배움을 멈춘 사람은 변화에 뒤처지고, 세상과의 소통에서 멀어지게 됩니다. 마치 불 꺼진 등대처럼, 자신도 타인에게도 길을 비춰 줄 수 없는 존재가 되는 것이지요.

사람은 배움을 통해 세상을 이해하고, 자신의 생각과 삶을 다듬으며 진정한 인간으로 성장합니다. 학문뿐만 아니라 사람과의 관계 속에서 인품을 기르고, 경험을 통해 삶의 지혜를 쌓아야 합니다.

따라서 우리는 생애 전반에 걸쳐 배우는 자세를 가져야 하며, 지금 이 순간에도 미래를 위한 성장을 멈추지 않아야 합니다. 배움을 통해 쌓은 지식과 품성은 우리를 더욱 성숙한 어른으로 이끌며, 풍요로운 삶으로 안내해 줄 것입니다.

배움은 인생의 길을 밝히는 지혜이며
끊임없이 자신을 성장시키는 힘이다.

올바른 인성 만들기를 위한 실천

◇ 온라인에서 다양한 무료 교육 자료와 강좌듣기

◇ 토론과 질문을 통한 비판적 사고 기르기

◇ 매일 일정 시간을 정해 독서나 공부를 통해 새로운 지식을 습득하기

* 명명(冥冥) : 어둡고 어둡다.

* 야행(夜行) : 밤길을 가다.

4 ── 고금의 가르침을 깨닫지 못하면

한 문 공　왈
韓文公이 曰

인 부 통 고 금　　　마 우 이 금 거
人不通古今이면 馬牛而襟裾니라

한문공이 말하기를, "사람이 고금의 가르침을 깨닫지 못하면
말과 소에 옷을 입힌 것과 같으니라"라고 하였습니다.

어른이 되기 위한 지혜의 숲

'고금(古今)'은 과거와 현재를 아우르는 말로, 이를 이해한다는 것은 성현들의 말씀과
역사적 사건을 익혀 오늘을 비추는 본보기로 삼는다는 뜻입니다.

역사를 배우는 이유는 명확합니다. 먼저, 역사는 인간의 실수와 성공을 통해 교훈을
주며, 지금 우리가 어디에 서 있는지, 어떤 흐름을 따라왔는지를 알려줍니다. 이는 현
재를 이해하고 미래를 준비하는 데 필수적입니다.
또한, 역사는 인류의 지식과 문화, 경험이 쌓인 보물창고입니다. 이를 통해 우리는 다
양한 시대와 문화를 이해하고, 교양을 넓히며, 서로 다른 배경을 가진 사람들과 깊이
있는 소통을 할 수 있습니다.

그러므로 우리는 과거와 현재, 미래를 잇는 역사의 가르침을 외면해서는 안 됩니다.
그 교훈을 잊는다면, 마치 말과 소에 사람의 옷을 입히는 어리석음과 다름없습니다.
역사를 아는 일은 결국 더 나은 미래를 위한 든든한 밑거름이 됩니다.

역사를 배우는 것은
과거의 교훈을 통해 현재를
이해하고 미래를 준비하는 지혜의 길이다.

올바른 인성 만들기를 위한 실천

◇ 다양한 역사 관련 서적을 읽을 읽어보기

◇ 역사적 사건이나 인물에 대한 연구를 탐구하기

◇ 박물관이나 역사적인 장소를 방문해보기

* 한문공(韓文公) : 중국 당나라 때의 대문장가, 정치가, 사상가로 이름은 유(愈), 자는 퇴지(退之)

이다. 그는 고문(古文) 부흥 운동을 일으켜 옛 글과 사기(史記)의 문체를 모범 삼아 웅장하고

강건한 문장을 지어 당나라와 송나라에 걸쳐 당송팔대 문장가의 한사람으로 손꼽혔다.

5 —— 배운 것을 잃지 않도록 하라

^{논 어} ^왈
論語에 曰

^{학 여 불 급} ^{유 공 실 지}
學如不及이요 惟恐失之니라

『논어』에 말하기를, "배우기를 늘 다하지 못한 듯이 하고, 그 배운 것을 잃지 않도록 염려하라."라고 하였습니다.

배움의 길에는 끝이 없으며, 인간은 평생 동안 배우고 성장하는 존재입니다. 유아기에는 부모로부터 기초를 배우고, 학교를 통해 지식을 쌓으며, 성인이 되어서도 책, 정보, 사람들과의 관계 속에서 끊임없이 배우며 삶을 살아갑니다.
결국 인생은 배우고 깨닫는 과정을 반복하며 완성되어 가는 여정입니다.

배움은 단순히 지식을 축적하는 것을 넘어, 참된 삶의 방법을 찾고 새로운 지혜를 창조하는 일입니다. 우리는 항상 배움이 부족하다는 겸손한 자세로 끊임없이 노력하고, 배운 것을 삶 속에 실천하며 발전해 나가야 합니다.

공자는 배움에는 끝이 없다고 하며, 배운 것을 잊지 않고 삶에 적용하기 위해 꾸준히 정진할 것을 강조했습니다. 이 말씀은 우리가 평생 배움 속에서 자신을 갈고닦으며 성장해야 한다는 소중한 가르침입니다.

배움은 끝이 없는 여정이요,
사람됨은 그 길 위에서 다듬어지는 것이다.

올바른 인성 만들기를 위한 실천

◇ 수업 후 요약 노트를 작성하여, 친구들과 함께 학습 내용을 복습하기

◇ 도서관이나 인터넷을 활용해 관련된 책이나 자료를 찾아 읽어보기

◇ 과학에서 배운 원리를 실험해보거나 관련된 자료 찾아보기

* 논어(論語) : 맹자(孟子), 대학(大學), 중용(中庸)과 더불어 사서(四書)의 하나로, 공자께서 돌아가신

뒤 제자들이 공자의 언행을 기록한 책.

*불급(不及) : 미치지 못함.

*유공실지(惟恐失之) : 그것을 잃지 않을까 염려함.

제10장

훈자편
訓子篇

자식을 가르치라

훈자(訓子)는 자식이라는 뜻으로
자식을 바르게 가르치라는 뜻입니다.
자식이 부모님께 효를 하는 데도 바른길이 있듯이
부모도 자식을 가르치는 데도 바른길이 있습니다.
아무리 좋은 옥이라도 갈고 닦지 않으면 빛을 내지 못하듯이
자식도 바르게 갈고 닦지 않으면 그 가치를 빛나게 할 수 없습니다.

1 ── 학문을 가르치라

景行錄에 云하기를

賓客不來면 門戶俗하고 詩書無敎면 子孫愚니라

> 『경행록』에 이르기를, "손님이 오지 않으면 집안이 저속해지고,
> 시경과 서경을 가르치지 않으면 자손이 어리석어지느니라."라고
> 하였습니다.

집안에 손님이 많이 찾아오는 것은 그 집안의 가장이 인품이나 학식이 깊어 사회적으로 존경받고 있음을 나타냅니다. 반면에 손님이 없는 집안은 인품이나 소양이 부족하여 외부와의 교류가 제한된 결과일 수 있습니다.

손님이 없다는 것은 학문과 소양을 나누는 기회가 없음을 의미합니다. 대화를 통해 서로의 식견을 교류하지 못하게 되며, 이에 따라 자신의 지식이나 경험이 뒤떨어질 수 있습니다.
때문에 사람들과의 교분을 맺고 원만한 사회 활동을 하려면, 어릴 때부터 자녀들에게 학문을 가르치고 인간의 도리와 예절을 일깨워 주는 것이 중요합니다.

따라서 교육을 통해 자녀들이 올바른 가치관과 사회성을 갖추게 함으로써, 그들이 성장했을 때 다른 사람들과 의미 있는 대화를 나누고, 사회에 긍정적인 영향을 미칠 수 있도록 준비시켜야 한다는 가르침입니다.

사람의 발길이 끊이지 않는 집은,
그 안에 품은 지혜와 덕이 세상과 통하고 있음을 뜻한다.

◇ 친구나 이웃을 초대해 함께 공부하거나 활동하는 시간을 가지기

◇ 다양한 분야의 책을 읽고, 독서 모임이나 스터디 그룹에 참여하기

◇ 주제를 정해 가족 토론을 하거나, 함께하는 시간을 가져보기

* 빈객(賓客) : 점잖은 손님.　　* 불래(不來) : 찾아오지 않음.

* 문호(門戶) : 집안, 가문.　　* 무교(無敎) : 가르치지 않음.

* 시서(詩書) : 시경(詩經)과 서경(書經)을 뜻하나 여기서는 시와 글, 즉 학문을 의미함.

2 ── 물질보다 중요한 교육의 가치

漢書에 云하기를

黃金萬籝이 不如敎子一經이요 賜子千金이 不如敎子一藝니라

『한서』에 이르기를, "황금이 상자에 가득 차 있더라도 자식에게 경서 한 권을 가르치는 것만 못하고, 자식에게 천금을 물려준다 해도 자식에게 재주 하나를 가르치는 것만 못하느니라."라고 하였습니다.

어른이 되기 위한 지혜의 숲

부모가 자식에게 많은 재산을 물려주고 싶어 하는 마음은 자연스러운 일이지만, 그것보다 더 값진 유산은 지식과 재능입니다. 지식은 사람을 끌어당기는 힘이며, 개인의 가치를 높이고 사회적 기반을 다지는 데 중요한 역할을 합니다.

고대 현자들도 사람이 한 가지 재주는 반드시 익혀야 한다고 강조했습니다. 요즘 사회에서도 재산보다 기술이나 재능을 기반으로 성공하는 이들이 많아지고 있습니다. 재산은 순간의 실수로 사라질 수 있지만, 지식과 재능은 사용할수록 그 가치가 더해지는 자산입니다.

따라서 부모가 자녀에게 줄 수 있는 최고의 유산은 금전이 아니라, 삶을 살아갈 수 있는 지식과 기술입니다. 그것이야말로 자녀가 독립적으로 세상과 마주할 수 있는 힘이 되며, 진정한 교육의 의미를 실현하는 길입니다.

부모가 자식에게 물려줄 가장
귀중한 것은 재산이 아닌 지식과 재주이다.

올바른 인성 만들기를 위한 실천

◇ 책을 읽거나 강의를 듣고, 다양한 주제에 대한 지식을 습득하기

◇ 자신이 관심 있는 분야에서 한 가지 기술이나 재주를 배워보기

◇ 가족이나 친구들과 배운 지식을 나누는 시간을 가져보기

* 한서(漢書) : 중국 전한의 고조에서 왕망까지의 229년간의 역사를 기록한 책.

* 황금만영(黃金萬籝) : 황금이 가득함.　　* 불여(不如) : ~와 같지 못하다.

* 일경(一經) : 한 권의 경서.　　　　* 사자(賜子) : 자식에게 물려줌.

3 —— 지극히 중요한 것은 독서와 가르침이다

至樂은 莫如讀書요　至要는 莫如敎子니라

"지극한 즐거움은 책을 읽는 것만 한 것이 없고, 지극히 중요한 것은, 자식을 가르치는 것만 한 것이 없다."라고 하였습니다.

어른이 되기 위한 지혜의 숲

책 읽기의 즐거움은 다양한 문화와 지식, 철학과 세계관을 간접적으로 경험하게 해 주며, 이를 통해 개인은 깊은 사고력과 풍부한 교양을 갖추게 됩니다.
그래서 "사람은 책을 만들고, 책은 사람을 만든다"는 말처럼, 책은 단순한 정보의 집합을 넘어 우리의 사고방식과 가치관을 형성하는 중요한 역할을 합니다.

오늘날처럼 변화가 빠른 시대일수록 독서의 중요성은 더욱 커지고 있으며, 부모가 자녀에게 책 읽는 습관을 길러주는 일은 무엇보다 중요합니다.
어릴 때부터 책을 가까이하는 습관은 부모의 실천적 본보기를 통해 자연스럽게 형성되며, 이는 자녀의 상상력과 지적 능력, 올바른 가치판단 능력을 키우는 데 큰 밑거름이 됩니다.

결국, 자녀에게 물려줄 수 있는 가장 값진 유산은 재산이 아니라, 책을 사랑하고 지혜를 쌓는 습관입니다. 책 속에 담긴 인류의 지혜를 삶의 나침반으로 삼게 할 때, 아이들은 보다 건강하고 지혜로운 사회인으로 성장할 수 있습니다.

책을 읽는 즐거움은 지식을 쌓고,
세상의 다양한 경험을 통해
자아를 성장시키는 가장 귀중한 유산이다.

올바른 인성 만들기를 위한 실천

◇ 친구나 가족과 함께 읽은 책을 주제로 토론하는 시간을 가져보기

◇ 하루에 20-30분씩 책을 읽는 습관을 기르기

◇ 책을 읽은 후 가족과 함께 내용을 주제로 토론해보기

* 지락(至樂) : 지극한 즐거움.　* 막여(莫如) : ~와 같은 것은 없다.

* 지요(至要) : 지극히 요긴한(중요한).

4 ── 가르치는 사람이 없으면 성공할 수 없다

呂榮公이 曰

內無賢父兄하고 外無嚴師友에 而能有成者鮮矣니라

여영공이 말하기를, "안으로 현명한 어버이와 형이 없고,
밖으로 엄한 스승과 벗이 없으면 성공할 수 있는 사람이 드물
것이다."라고 하였습니다.

어른이 되기 위한 지혜의 숲

올바른 성장과 성공을 위해서는 가정과 학교, 두 가지 교육 환경이 조화를 이루어야
합니다. 자녀는 가정에서 부모의 사랑과 보살핌을 통해 정서적 안정과 인격의 기초를
다지고, 학교에서는 훌륭한 스승의 가르침을 통해 지식과 삶의 태도를 배워갑니다.

가정교육은 단순한 물질적 지원이 아닌, 자녀에게 올바른 가치관과 도덕적 기준을 심
어주는 데 중심이 됩니다. 부모의 사랑과 정성 어린 가르침은 자녀가 사회에서 바르게
살아가는 방향을 제시해 줍니다.

학교에서는 교육자의 사명감을 바탕으로, 지식뿐만 아니라 인생의 지혜를 전하는 교
육이 이루어져야 합니다. 또한, 친구와의 진정한 교류를 통해 자녀는 공감 능력과 협
동심, 사회적 기술을 자연스럽게 익히게 됩니다.

결국, 자녀는 부모의 따뜻한 보살핌, 스승의 올바른 가르침, 친구와의 진심 어린 관계
속에서 균형 잡힌 성장을 이루며, 사회에서 바르게 살아갈 힘을 갖추게 됩니다.

진정한 성장의 길은 가정의 사랑,
학교의 가르침, 친구의 교제 속에서 배운다.

올바른 인성 만들기를 위한 실천

◇ 자신의 생각과 감정을 부모님과 공유하고, 지혜를 듣기

◇ 선생님께 궁금한 점이나 어려운 부분을 상담하고 지혜를 듣기

◇ 부모님의 어릴 적 이야기를 들어보기

* 여형공(呂滎公) : 중국 북송 때의 학자로, 이름은 희철(希哲), 자는 원명(原明)이다. 그의 저서로는《
  여씨잡기(呂氏雜記)》가 전해지고 있다.

* 현부형(賢父兄) : 현명한 어버이와 형   * 엄사우(嚴師友) : 엄한 스승과 벗.

* 자선의(者鮮矣) : ~하는 사람이 드물다.

제11장

성심편
省心篇

마음을 살피라

上

성심(省心)은 '마음을 살피다'라는 뜻입니다.
사람의 마음이란 변화무쌍하고 예측하기 어렵기에
마음을 살피고 다스려야 한다는
내면의 성찰을 의미합니다.
마음을 살피고 끊임없는 마음의 수양을 통해
올바른 마음가짐으로 성장하기를 바라는 마음입니다.

1 —— 충효는 끝이 없다.

景行錄에 云하기를

寶貨는 用之有盡이요　忠孝는 享之無窮이니라

『경행록』에 이르기를, "보물과 재화는 쓰면 끝이 있고, 충성과 효도는 누려도 끝이 없느니라."라고 하였습니다.

어른이 되기 위한 지혜의 숲

"돈이란 많아도 걱정, 적어도 걱정"이라는 말처럼, 재물은 많아도 적어도 고민의 원인이 되곤 합니다. 유대인의 격언에도 "재물이 많으면 근심도 늘고, 없으면 근심은 더 커진다"는 말이 있듯, 돈은 삶을 영위하는 데 없어서는 안 될 도구이지만, 동시에 근심을 늘리는 양날의 검이 되기도 합니다.

그러나 아무리 많은 재물을 가졌더라도 그것은 결국 소모되고 사라지게 마련입니다. 반면, 부모에게 효도하고 나라에 충성하는 마음은 물질과 달리 시간이 지나도 변하지 않으며, 인류의 역사와 함께 계승되어 온 가장 숭고한 가치입니다.

따라서 우리는 재물만을 추구하기보다, 부모에 대한 감사와 효행을 실천함으로써 자녀에게 바른 가치를 물려주고, 사회 전반에 따뜻한 도덕적 영향을 확산시켜야 합니다. 재물은 언젠가 사라지지만, 효와 충은 사람을 남기고 문화를 남기며, 세대를 넘어 계승되는 진정한 유산이 됩니다.

돈은 일시적인 행복을 주지만,
충성과 효도는 영원히 이어지는
가장 아름다운 도덕적 가치다.

올바른 인성 만들기를 위한 실천

◇ 가족 저녁식사나 주말에 함께 소중한 시간을 보내기

◇ 부모님이 바쁘신 날에 집안 청소를 하거나 요리를 해보기

◇ 지역 사회의 봉사활동이나 자원봉사에 참여하여 하기

* 보화(寶貨) : 보물과 돈.　　* 유진(有盡) : 끝이 있음.

* 향지(享之) : 누리다.　　* 무궁(無窮) : 끝이 없다.

2 —— 근심에 항상 대비하라

旣取非常樂이어든   須防不測憂니라

> "이미 일상적이지 않은 즐거움을 누렸다면, 모름지기 뜻하지
> 않게 닥칠지 모를 근심에 대비하라."라고 하였습니다.

어른이 되기 위한 지혜의 숲

'새옹지마(塞翁之馬)'는 인생의 길흉화복은 예측할 수 없고, 모든 일은 끊임없이 변화한다는 깊은 뜻을 담고 있습니다. 좋은 일 뒤엔 나쁜 일이 오고, 나쁜 일 뒤엔 또 좋은 일이 따르는 것이 세상의 순리입니다.

그러므로 우리는 기쁨이나 성공에만 도취해 안일하게 살아서는 안 됩니다. 언제든지 예상치 못한 위기나 슬픔이 찾아올 수 있기에, 평소에도 마음의 여유와 준비가 필요합니다.

인생은 늘 좋기만 하지도, 나쁘기만 하지도 않기에, 상황에 따라 유연하게 대처할 수 있는 지혜를 길러야 합니다.

이러한 태도는 단순히 불행에 대비하는 것을 넘어, 삶의 변화 속에서도 긍정적인 마음가짐을 유지하고 성숙해지는 데 큰 도움이 됩니다.

결국, 우리는 인생의 부침을 자연스러운 흐름으로 받아들이며, 그 속에서 흔들림 없이 살아가는 힘을 키워야 합니다. 이것이야말로 진정한 지혜이고, 우리를 더 나은 내일로 이끌어주는 삶의 자세입니다.

인생의 길흉화복은 예측할 수 없으므로,
기쁨 속에서도 슬픔을 준비하고,
행복 속에서도 불행에 대비하는 지혜를 가져라.

올바른 인성 만들기를 위한 실천

◇ 좋은 일이 생겼을 때, 과도하게 방심하지 않기

◇ 예상치 못한 상황에 대비하는 방법을 찾아보거나 배우기

◇ 일기를 통해 일상의 기쁨과 슬픔을 기록하고 감정을 다스리기

* 비상락(非常樂) : 일상적이지 않은 즐거움. 또는 큰 즐거움.

* 불측우(不測憂) : 예측할 수 없는 근심.

3 —— 안일함에 빠지지 마라

득 총 사 욕　　거 안 려 위
得寵思辱하고　居安盧危니라

> "총애를 받고 있을 때 욕된 일이 있을까 생각하고, 편안하게
> 지내고 있을 때는 위태로운 일이 있을까 생각하라."라고
> 하였습니다.

어른이 되기 위한 지혜의 숲

옥도 갈아야 빛을 내듯이, 진정한 성장은 수많은 어려움을 이겨내는 과정에서 이루어집니다. 이러한 갈고닦음 끝에야 비로소 자신의 재능이 아름답게 빛날 수 있습니다.

그러나 그 빛은 영원하지 않습니다. 맑은 날 뒤에 흐린 날이 오듯, 많은 사람의 총애 속에 안일하게 지내다 보면 교만과 욕심이 마음속에 자리 잡을 수 있습니다.
총애를 받는 순간에도 우리는 늘 겸손을 잃지 않아야 하며, 방심은 결국 욕됨을 부를 수 있다는 사실을 기억해야 합니다.

학교, 가정, 직장 등 일상 속 평온한 환경 속에서도 우리는 안일함에 빠지지 않도록 조심해야 합니다. 즐거움이 오래 간다고 해도, 그 뒤에 어떤 위험이 다가올지 모르는 법이기 때문입니다.
결국 이 지혜로운 말은 우리에게 늘 겸손하고 조심스럽게, 끊임없이 자신을 갈고닦으며 성장해야 한다는 중요한 삶의 자세를 일깨워 줍니다.

옥은 갈아야 빛나고, 사람은 시련을 견뎌야 성장하며,
그 빛을 오래 지키는 힘은 겸손한 마음에 있다.

올바른 인성 만들기를 위한 실천

◇ 오늘 자신의 잘못하거나 실수한 일들을 체크하고 반성하기

◇ 새로운 취미를 시작하거나 학업에서 어려운 과목에 도전해보기

◇ 학교에서 어려워하는 친구를 도와주거나 친절함을 실천하기

* 득총(得寵) : 총애를 받음.

* 사욕(思辱) : 욕됨을 살펴봄.

* 려위(慮危) : 위태로운 일을 생각함.

4 ── 지나치지 마라

甚愛必甚費요 甚譽必甚毀요

甚喜必甚憂요 甚贓必甚亡이니라

> "사랑함이 지나치면 반드시 심한 낭비를 가져오고, 칭찬이
> 지나치면 반드시 심한 비난을 가져온다. 기뻐함이 지나치면
> 반드시 심한 근심을 가져오고 뇌물 축척은 반드시 심한 망함을
> 가져오느니라."라고 하였습니다.

어른이 되기 위한 지혜의 숲

옛말에 "과유불급(過猶不及)"이라는 말이 있습니다. '지나침은 모자람만 못하다'는 뜻으로, 무엇이든 정도를 넘어서면 오히려 해가 된다는 지혜를 담고 있습니다.
일상 속에서 우리는 이 균형을 잃기 쉬운데, 욕심은 언제나 '조금 더'를 원하기 때문입니다.

그러나 인생의 모든 것은 적당할 때 가장 건강하고 아름답습니다. 일도, 명예도, 사랑도, 심지어 기쁨과 욕망조차 지나치면 불균형을 초래합니다.
사랑이 집착으로, 명예가 비난으로, 기쁨이 방탕으로 변하는 순간은 언제나 '과함'에서 비롯됩니다.

따라서 우리는 절제의 미덕을 잊지 말아야 합니다. 욕망을 다스리고 자족할 줄 아는 삶, 그것이야말로 오래된 지혜가 권하는 조화롭고 평온한 인생의 길입니다.

욕망을 다스리고 자족할 줄 아는 삶,
그것이야말로 오래된 지혜가 권하는
조화롭고 평온한 인생의 길이다.

올바른 인성 만들기를 위한 실천

◇ 최신 제품이나 패션 아이템 등 소유하고 싶은 욕구를 절제하기

◇ 하루 시간을 균형 있게 배분하여 지나친 스트레스 받지 않기

◇ 친구들과 소통을 위해 소셜 미디어를 적절하게 이용하기

* 심애(甚愛) : 사랑이 지나침.　* 심장(甚臟) : 뇌물을 탐함.

자 왈 불 관 고 애   하 이 지 전 추 지 환
子曰 不觀高崖면 何以知顚墜之患이요

불 임 심 천   하 이 지 몰 닉 지 환
不臨深泉이면 何以知沒溺之患이며

불 관 거 해   하 이 지 풍 파 지 환
不觀巨海면 何以知風波之患이리오

> 공자가 말하기를, "높은 낭떠러지를 보지 않으면 어찌 굴러
> 떨어지는 근심을 알 것이요, 깊은 연못에 가지 않으면 어찌 빠져
> 죽을 근심을 알 것이며, 큰 바다를 보지 않으면 어찌 거센 풍파의
> 근심을 알게 되리오."라고 하였습니다.

어른이 되기 위한 지혜의 숲

세상의 모든 일은 직접 보고 겪지 않고는 그 본질적인 어려움과 가치를 온전히 이해하기 어렵습니다. 인생을 살아가다 보면 누구나 예상치 못한 시련과 어려움을 겪게 되며, 우리는 이 과정을 통해 성장합니다.

긍정적인 경험은 물론, 부정적인 경험 속에도 중요한 깨달음이 담겨 있습니다. 비록 괴로운 순간이라도, 그 경험이 우리를 더 단단하게 만드는 자산이 될 수 있습니다. 중요한 것은 이러한 깨달음을 통해 삶의 방향을 잡고, 구체적인 행동으로 이어가는 것입니다.

실패를 두려워하지 말고, 겸손과 용기를 갖고 하나씩 문제를 해결해 나가는 자세가 필요합니다. 그렇게 할 때, 인생의 모든 경험은 비로소 의미와 가치를 지니게 됩니다.

경험은 때로 쓰라리지만,

그 속에 담긴 깨달음은 인생을 단단하게 만든다.

올바른 인성 만들기를 위한 실천

◇ 실패를 두려워하지 않고 도전하는 태도 기르기

◇ 큰 목표보다는 실천 가능한 목표를 설정하고 꾸준히 실천하기

◇ 좋은 경험뿐만 아니라 나쁜 경험도 기록하며 성찰하기

* 고애(高崖) : 높은 벼랑. * 전추(顚墜) : 굴러 떨어지다.

* 심천(深泉) : 깊은 샘. * 몰닉(沒溺) : 물에 빠지다.

6 ——— 과거는 현재의 거울이다

子曰

明鏡은 所以察形이요 往者는 所以知今이니라

공자가 말하기를 "밝은 거울은 모습을 살필 수 있고, 지나간 일은
현재를 알 수 있느니라." 라고 하였습니다.

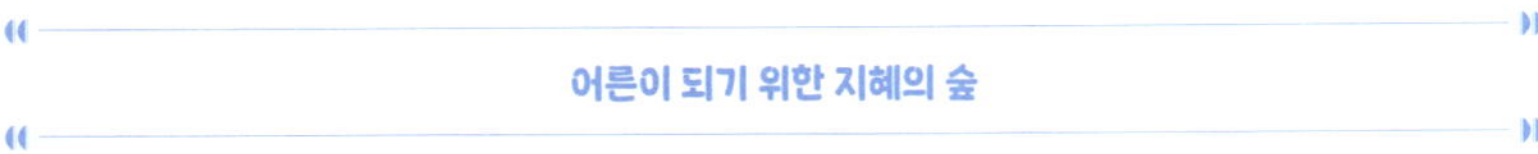

공자의 말씀은 과거를 거울삼아 현재의 내면을 점검하고, 삶의 방향을 확인하라는 교훈을 전합니다. 매일 아침 거울을 통해 자신의 외모와 옷차림을 점검하듯, 우리는 과거의 행동과 선택을 돌아보며 현재의 자신을 성찰할 수 있습니다.
과거의 경험은 현재 내가 어떤 모습으로 성장했는지를 보여주는 거울이 됩니다.

이 과정을 통해 우리는 자신의 행동과 결정이 올바른 방향으로 가고 있는지, 목표를 향해 계획적으로 실천하고 있는지 점검해야 합니다.
과거를 성찰하고 그것을 바탕으로 올바른 생각과 습관을 형성하는 것이 중요합니다.
그렇게 함으로써, 우리는 미래의 나를 더 나은 방향으로 이끌어갈 수 있습니다.

과거와 현재, 미래를 아우르는 성찰을 통해 꾸준히 성장하고 성숙해지는 것이 올바른 어른이 되기 위한 길입니다.

과거를 거울삼아 현재를 성찰하고,
미래의 나를 위한 올바른 길을 선택하라.

◇ 자신이 겪은 경험과 실수, 성취를 기록하고 성찰하는 시간을 갖기

◇ 자신의 선택이 올바른 방향으로 나아가고 있는지 점검하기

◇ 꿈을 이루기 위한 작은 단계별 계획을 세워 실행하기

* 명경(明鏡) : 밝은 거울.

* 찰형(察形) : 모습을 살피다.

* 왕자(往者) : 지나간 일.

7 ── 인생지사 새옹지마

天有不測風雨하고　人有朝夕禍福이니라

"하늘에는 예측할 수 없는 비바람이 있고, 사람은 아침저녁으로
재앙과 복이 있느니라."라고 하였습니다.

어른이 되기 위한 지혜의 숲

'새옹지마(塞翁之馬)'의 교훈처럼, 인생은 항상 변화를 겪으며, 그 변화는 좋은 일과
나쁜 일이 교차하는 모습으로 나타납니다. 길흉화복은 예측할 수 없으며, 한순간의
복이 재앙으로, 재앙이 복으로 바뀔 수 있습니다.

따라서 우리는 인생의 변화를 예측하기 어렵고, 불확실성 속에서 중요한 것은 우리의
마음가짐입니다.

어려운 상황도 긍정적인 시각으로 보면 새로운 기회나 배움이 될 수 있으며, 좋은 상
황에서 자만하지 않고 겸손한 마음을 유지하면 예상치 못한 어려움에 덜 휘둘리게 됩
니다. 삶의 변화 속에서 균형을 잃지 않고, 모든 경험에서 의미를 찾는 태도가 중요합
니다.

우리가 처한 상황에 휘둘리기보다는, 그 속에서 배움을 얻고 더 나은 방향으로 나아
갈 수 있는 힘을 기르는 것이 필요합니다.

인생의 변화와 불확실성을 긍정적으로 받아들이고 유연하게 대처하는 지혜를 갖추는
것이 중요합니다. 이와 같은 마음가짐은 불확실한 세상을 살아가며 단단한 내면을 만
들어줄 것입니다.

인생의 불확실성은 마음가짐에 따라
재앙이 복이 되고, 복이 재앙이 될 수 있다.

◇ 하루를 마무리하며 오늘 내가 감사했던 세 가지를 적어보기

◇ 예상치 못한 어려움이 생겼을 때, 대처할 수 있는 방법 생각해 보기

◇ 어려움을 극복해 성공한 인물의 책을 읽어보기

* 불측(不測) : 헤아릴 수 없음.

* 풍우(風雨) : 바람과 비.

* 화복(禍福) : 재앙과 복.

8 ── 몸 관리를 철저히 하라

未歸三尺土에는 難保百年身이요

已歸三尺土에는 難保百年墳이니라

"죽어서 무덤 속으로, 들어가기 전까지 백 년 동안 몸을 보전하기 어렵고, 무덤 속으로, 들어간 후에는 그 무덤을 백 년 동안 보전키 어려울 것이니라."라고 하였습니다.

건강은 인간에게 가장 소중한 자산이며, 삶을 온전히 누릴 수 있게 해주는 밑바탕입니다. 돈이나 명예보다도 우선되는 가치로, 건강이 있어야 기쁨도, 성취도, 행복도 비로소 가능해집니다. 아무리 많은 재산이 있어도 건강을 잃으면 그 모든 것은 의미를 잃게 됩니다.

사람이 일생을 건강하게 사는 일조차 어려운데, 죽은 뒤에도 백 년을 온전히 유지하는 것은 더욱 불가능한 일입니다. 그렇기에 살아 있는 동안 자신의 몸을 아끼고 정갈히 가꾸는 일은 무엇보다 중요합니다.

"건강을 잃으면 모든 것을 잃는다"는 말처럼, 우리는 평소 바른 생활 습관과 꾸준한 관리로 몸과 마음을 지켜야 합니다.
항상 자기 몸을 올바르게 가꾸고, 꾸준한 운동과 건강한 식습관을 통해 건강한 정신과 몸가짐을 키워야 합니다. 건강한 몸에서 맑은 정신이 자라고, 그것이 곧 올바른 어른으로 성장하는 길이 됩니다.

건강은 삶의 바탕이자,

모든 가치를 누릴 수 있는 첫 번째 조건이다.

올바른 인성 만들기를 위한 실천

◇ 주 3회 30분 이상 걷기, 자전거 타기, 또는 팀 스포츠에 참여하기

◇ 과일과 채소, 단백질, 곡물 등을 고르게 섭취하기

◇ 자신의 건강 상태를 위해 정기적으로 건강 검진 받기

* 미귀(未歸) : 아직 돌아가지 아니함.　　* 삼척토(三尺土) : 석자의 흙, 즉 무덤을 뜻함.

* 난보(難保) : 보존하기 어려움.　　* 이귀(已歸) : 이미 돌아감.

9 —— 사람의 마음은 알 수 없다

畵虎畵皮難畵骨이요　知人知面不知心이니라

> "호랑이를 그리되 가죽은 그릴 수 있으나 뼈는 그리기는
> 어렵고, 사람을 알되 얼굴은 알지만, 마음은 알 수가 없다."라고
> 하였습니다.

호랑이 그림에서 겉가죽은 쉽게 그릴 수 있어도 뼈를 그리기 어렵듯, 사람의 겉모습은 쉽게 알 수 있어도 속마음을 이해하기란 쉽지 않습니다. 이는 사람의 본질을 알기 위해선 외적인 모습만으로는 부족하다는 사실을 일깨워 줍니다.

인간관계는 '언어'와 '마음'으로 형성됩니다. '말이 씨가 된다'는 옛말처럼, 우리의 말은 관계의 씨앗이 되며, 언어는 상대방의 마음을 여는 열쇠가 됩니다.
부드럽고 따뜻한 말은 신뢰를 쌓고, 서로를 이해하게 만들며, 듣는 사람의 기분을 먼저 고려하는 태도가 진정한 소통을 이끌어냅니다.

또한 자신의 감정뿐만 아니라 타인의 감정을 헤아리는 능력은 진정성 있는 소통을 가능하게 합니다. 사람의 관계는 말로 깊어지지만, 때로는 말 한마디로 멀어질 수 있는 만큼, 우리는 늘 긍정적인 언어와 따뜻한 마음을 담은 소통을 연습해야 합니다.
이러한 언어 습관과 마음가짐은 올바른 어른으로 성장하는 밑거름이 되며, 우리 삶의 관계를 더욱 따뜻하고 풍요롭게 만들어 줄 것입니다.

사람의 본질은 겉모습에 있지 않으며, 진정한 관계는
마음을 헤아리고 긍정적인 언어로 소통할 때 깊어진다.

올바른 인성 만들기를 위한 실천

◇ 일상 대화에서 긍정적인 언어를 사용하려고 노력하기

◇ 상대방의 이야기를 주의 깊게 듣고, 이해하려고 노력하기

◇ 자신의 감정을 솔직하게 표현하는 연습하기

* 화호(畵虎) : 호랑이를 그리다.　　* 화피(畵皮) : 가죽을 그리다.

* 화골(畵骨) : 뼈를 그리다.　　* 지면(知面) : 얼굴을 그리다.

10 ── 원한을 맺는 것은 재앙의 씨를 심는 것

景行錄에 云하기를

結怨於人을 謂之種禍요 捨善不爲를 謂之自賊이니라

『경행록』에 이르기를, "다른 사람과 원수를 맺는 것은 재앙의 씨를 심는 것이라 하고, 착한 것을 버리고 착한 일을 하지 않는 것은 스스로를 해치는 것이니라."라고 하였습니다.

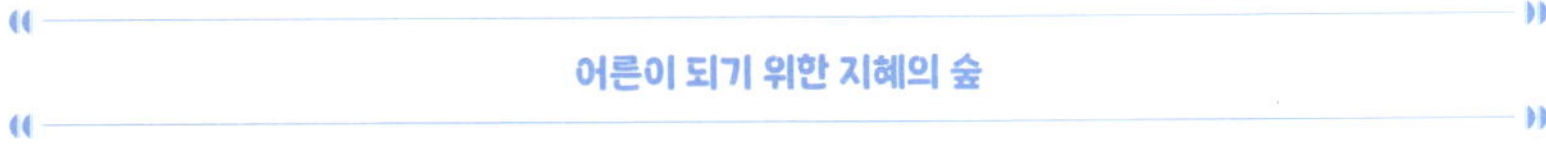

어른이 되기 위한 지혜의 숲

위의 말씀은 사람과의 관계에서 원한을 쌓는 것이 결국 큰 불행으로 돌아올 수 있음을 경고하는 가르침입니다. 원한은 끝없는 악순환을 초래하고, 작은 불신과 분노가 결국 큰 재앙으로 되돌아올 수 있습니다.

관계에서 가장 중요한 덕목은 '신의'이며, 신뢰와 믿음으로 관계를 유지해야 합니다. 신의를 저버리면 그 관계는 원수로 변하고, 되돌릴 수 없게 됩니다.

따라서 우리는 원한을 쌓지 않기 위해 자신의 잘못을 인정하고, 용서를 구할 줄 아는 태도를 가져야 합니다. 진정으로 나쁜 사람은 잘못을 깨닫지 못하는 사람이며, 결국 그 잘못은 재앙의 씨앗이 되어 돌아옵니다.

바른 언어와 행동을 통해 신뢰를 쌓고, 원한 대신 좋은 관계를 유지하는 성숙한 어른으로 성장해야 합니다. 이 과정에서 상대방을 존중하고, 서로의 차이를 인정하며, 언제나 화해와 이해를 바탕으로 관계를 이어가는 것이 중요합니다.

신뢰를 바탕으로 관계를 쌓고,
원한을 피하며, 진심으로 화해하는 것이
성숙한 어른으로 성장하는 지혜의 길이다.

올바른 인성 만들기를 위한 실천

◇ 서로의 다름을 인정하고 갈등을 평화롭게 해결하기

◇ 실수나 잘못을 했다면 잘못을 인정하고 솔직하게 사과하기

◇ 일상에서 작은 배려와 선행을 꾸준히 실천하기

* 결원(結怨) : 원한을 맺음.　　* 종화(種禍) : 재앙을 심음.

* 사선(捨善) : 착한 것을 버린다. * 자적(自賊) : 자신을 해친다.

11 —— 한쪽 말만 듣지 마라

若廳一面說이면 便見相離別이니라

"만약 한쪽 말만 듣는다면 문득 친한 사이가 서로 멀어지게 됨을
볼 것이다."라고 하였습니다.

어른이 되기 위한 지혜의 숲

정치적 대립이나 가까운 사람들과의 관계에서 한쪽의 말만 듣고 상대방을 오해하거나 잘못된 결정을 내리는 경우가 많습니다. 이런 편협한 사고는 신뢰를 무너뜨리고, 관계를 악화시키며, 때로는 갈등을 심화시킬 수 있습니다.

신뢰는 인간관계에서 가장 중요한 요소이므로, 이를 지키기 위해서는 다양한 의견을 경청하는 자세가 필요합니다.

"입은 하나고 귀가 둘인 것은, 말하는 것보다 듣는 것을 두 배로 하라는 뜻"이라는 말처럼, 우리는 말보다 듣는 데 더 많은 노력을 기울여야 합니다.

다양한 의견을 경청하는 것은 옳고 그름을 명확히 가리고, 현명한 결정을 내리기 위한 필수적인 과정입니다.

자기 생각에 갇히지 않고, 균형 잡힌 판단을 내리려면 다양한 관점을 존중하고 깊이 있는 대화를 나누는 것이 중요합니다.

이러한 태도는 성숙한 어른으로 성장하는 길이며, 경청을 통해 시야를 넓히고 올바른 판단력을 기르는 것은 주변 사람들과 건강한 관계를 유지하는 데 중요한 요소입니다.

다양한 의견을 경청하는 것은
현명한 판단과 건강한 관계를 위한 첫걸음이다.

◇ 편견 없이 친구들의 이야기를 모두 경청하기

◇ SNS나 인터넷에서 다양한 정보 출처 확인하기

◇ 자신의 의견을 먼저 말하기보다는 상대방의 생각을 끝까지 듣기

★ 일면(一面) : 한편, 한쪽.　★ 상리별(相離別) : 서로 멀어진다.

12 —— 편안함을 경계하라

飽煖엔　思淫慾하고　飢寒엔　發道心이니라

"배부르고 따뜻하면 음란한 욕망이 생기고, 굶주리고 추우면
올바른 마음이 생긴다."라고 하였습니다.

어른이 되기 위한 지혜의 숲

사람의 마음은 편안함과 여유 속에서 쉽게 변할 수 있습니다. 경제적으로 여유롭고 안락한 삶을 살 때, 때로 도덕적 경계를 넘는 유혹을 느끼기도 합니다.
이러한 편안함은 성장을 멈추게 하고, 욕망과 탐욕에 빠지게 할 위험이 큽니다. 특히 편안한 상태에서 목표와 비전을 잃고 자아 성찰을 놓치기 쉬운 점을 명심해야 합니다.

우리는 어려운 상황에서 더 많은 성찰을 할 수 있지만, 경제적 여유나 마음의 평화를 느낄 때일수록 더욱 신중해야 합니다. 그때가 바로 자신의 마음가짐과 행동을 되돌아보고, 욕망과 유혹에 휘둘리지 않도록 경계할 때입니다.
끊임없이 자신을 돌아보고 도전하는 자세를 유지하며, 진정한 가치를 추구하는 삶을 살아가야 합니다.

편안함이 주는 일시적인 즐거움에 빠지지 않도록 경계하며, 그 속에서도 자아 성찰과 성장을 놓치지 않는 자세를 가지는 것이 중요합니다.
이렇게 우리는 진정한 의미를 찾고, 성숙한 어른으로 성장하며, 타인과의 관계에서도 신뢰를 쌓아갈 수 있을 것입니다.

편안함에 안주하지 않고, 끊임없이
자신을 성찰하며 도전하는 자세를 유지할 때
비로소 진정한 성장과 올바른 가치가 형성된다.

◇ 하고 싶은 일을 찾아 여려 단계로 나누기

◇ 각각의 단계를 해낼 때마다 자신에게 줄 보상 결정하기

◇ 일주일간 그 일을 얼마나 해냈는지 기록하기

* 포난(飽煖) : 배부르고 따뜻한.　　* 음욕(淫慾) : 음탕한 욕심.

* 기한(飢寒) : 배고프고 추운.　　* 발도심(發道心) : 도덕적인 마음이 나온다.

13 ── 시비는 듣지 마라

是非終日有라도　不聽自然無니라

"시비가 종일토록 있을지라도 듣지 않으면 저절로
없어지느니라."라고 하였습니다.

어른이 되기 위한 지혜의 숲

대인관계에서 옳고 그름을 논의하는 것은 중요하지만, 감정이 얽히면 이성적인 판단
이 흐려지고, 결국 대화가 더 어려워질 수 있습니다.

그렇다면 어떻게 하면 서로의 감정을 상하지 않으면서 시시비비를 가릴 수 있을까요?
첫째, 감정이 격해지지 않도록 대화 전 감정을 정리하는 시간이 필요합니다. 흥분된
상태에서 대화하면 상황이 악화될 수 있으므로, 잠시 생각을 정리하고 상대방에게도
감정을 가라앉힐 기회를 주는 것이 중요합니다.
둘째, 논의가 격해지면 대화를 잠시 멈추고 거리를 두는 것이 현명합니다. "잠시 생각
할 시간을 갖겠다"며 대화를 중단하면, 감정을 정리하고 이성적으로 대화를 재개할
수 있습니다.

시비를 가리는 것은 관계에서 중요한 일이지만, 그 과정에서 불필요한 감정적인 갈등
이나 소란이 발생하는 것은 피해야 합니다.
올바른 처신과 배려로 서로를 존중하는 태도를 가지고 관계를 이어가면, 시시비비를
가리는 과정에서도 갈등을 줄이고 건강한 관계를 유지할 수 있습니다.

시시비비를 논할 때,
감정을 가라앉히고 이성적으로 대화하는 것이
관계의 갈등을 줄이고 존중을 유지하는 길이다.

◇ 갈등이 발생했을 때, 자신의 생각과 감정을 글로 정리해 보기

◇ 갈등 상황에서 자신과 상대방의 입장을 바꿔서 대화해 보기

◇ 친구들끼리 갈등을 해결할 수 있는 규칙을 만들어 보기

* 시비(是非) : 옳고 그름을 따짐.

* 자연무(自然無) : 자연히 저절로 없어짐.

14 —— 향기로운 사람이 되라

有麝自然香이니 何必當風立이리오

"사향을 지니고 있으면 저절로 향기로운데 어찌 바람을 마주하며 서 있을 것인가."라고 하였습니다.

어른이 되기 위한 지혜의 숲

사람은 각자 고유한 향기를 지니고 있습니다. 지하철이나 엘리베이터에서 스쳐 지나갈 때, 누군가의 향기가 기분 좋게 다가오기도 하고 불쾌감을 줄 때도 있습니다. 이 향기는 외적인 것뿐만 아니라 내적인 특성에서도 나타나며, 사람의 성품과 인격에서 자연스럽게 우러나옵니다.

사람의 향기는 그 사람의 생활을 반영합니다. 아름다운 언어를 사용하는 사람은 따뜻함과 편안함을 전하며, 덕망 있는 사람은 평온하고 품격 있는 향기를 풍깁니다. 반대로, 술과 담배를 가까이하는 사람은 그에 맞는 불쾌한 냄새를 풍기게 됩니다. 결국, 비싼 향수도 진정한 향기를 대신할 수 없습니다. 사람의 향기는 그들의 인격에서 비롯되기 때문입니다.

우리는 자아를 구축하는 과정에서 내면의 향기를 어떻게 형성할지를 고민해야 합니다. 자신의 행동과 태도를 돌아보고, 어떤 향기를 풍기고 있는지를 성찰하는 것이 중요합니다. 올바른 가치관과 인격을 갖춘 어른으로 성장하는 과정에서, 그 향기는 자연스럽게 세상에 영향을 미칠 것입니다. 결국, 사람의 향기는 삶의 질을 결정짓는 중요한 요소입니다.

진정한 향기는 외적인 모습이 아니라
내면의 성품과 행동에서 우러나오는 것으로,
올바른 가치관과 인격이 그 향기를 세상에 발산한다.

올바른 인성 만들기를 위한 실천

◇ 나를 향기롭게 만들어주는 일 5개 찾고 실천하기

◇ 서점에 가서 맘에 드는 분야의 책 3권 구입하기

◇ 구입한 3권의 책을 신속하게 읽어 보고 기록하기

* 하필(何必) : 어찌 반드시 ~ 할 것인가.

* 당풍립(當風立) : 바람을 마주하며 서 있다.

15 —— 천금보다 귀한 말 한마디

黃金千兩이 未爲貴요 得人一語가 勝千金이니라

"황금 천 냥이 귀한 것이 아니라 남에게서 듣는 좋은 말 한마디가
천금보다 낫다."라고 하였습니다.

어른이 되기 위한 지혜의 숲

이 말씀은 긍정적인 언어가 사람의 마음에 미치는 힘과 중요성을 일깨우며, 물질적인
것이 아무리 귀하더라도 타인으로부터 받은 따뜻한 말과 진심 어린 격려가 삶을 더욱
풍요롭게 하고, 인간관계를 깊이 있게 만든다는 뜻입니다.

우리 속담 중에 '곰은 쓸개 때문에 죽고, 사람은 혀 때문에 죽는다'라는 말이 있습니
다. 이는 사람의 입에서 나오는 말이 얼마나 큰 힘을 지니고 있는지를 강조합니다.
말은 단순한 의사소통 수단을 넘어서, 우리 내면의 향기를 표현하는 중요한 요소입니
다. 칭찬과 격려의 말은 상대방에게 빛나는 희망의 햇살과 같은 역할을 합니다.

황금이 아무리 귀하더라도, 진심 어린 말 한마디가 인생에서 더욱 값진 에너지가 됨을
잊지 말아야 합니다. 우리는 좋은 말을 나누는 가운데 나와 너, 우리를 아름답게 표현
하는 향기로운 어른으로 성장할 수 있습니다.
따라서 우리는 자신의 말이 가지는 영향력을 인식하고, 긍정적이고 따뜻한 언어로 사
람들과의 관계를 더욱 깊이 있게 만들어 나가야 합니다.

따뜻한 말 한마디는 황금보다 값지며,
사람의 마음을 밝히는 가장 향기로운 선물이다.

올바른 인성 만들기를 위한 실천

◇ 다양한 문서나 책을 통해 좋은 말의 힘에 대해 배우기

◇ 자신이 좋아하는 말과 싫어하는 말을 적어보기

◇ 친구나 가족과 대화할 때, 칭찬이나 격려의 말을 자주 사용하기

* 미위기(未爲貴) : 귀하게 여기지 않는다.

* 승천금(勝千金) : 천금보다 낫다.

16 —— 시샘이 가득한 곳에 지혜는 없다

荀子曰

士有妬友면 則賢交不親하고　君有妬臣이면 則賢人不至니라

> 순자가 말하기를, "선비 곁에 시샘하는 벗이 있으면, 현명한 벗과
> 사귈 수 없고 임금 곁에 시샘하는 신하가 있으면 현명한 신하가
> 오지 않는다."라고 하였습니다.

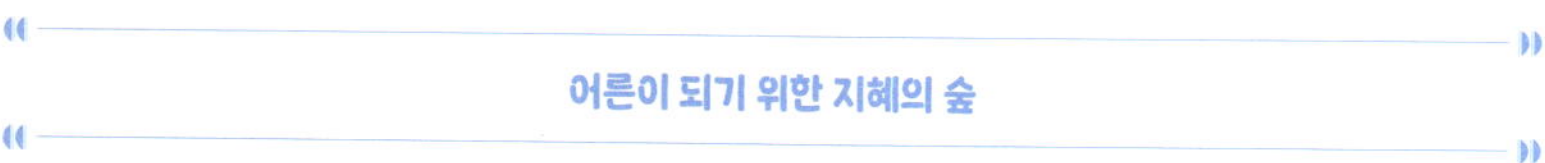

우리 삶에서 잘나가는 친구를 보면 자연스레 부러움이 일곤 합니다. 그들의 능력, 재물, 외모, 인맥 등을 바라보며 시기와 질투의 감정이 싹트기도 합니다.

하지만 단순한 부러움이 미움이나 증오로 변질된다면, 이는 건강한 인간관계를 해치는 위험한 신호입니다.

친구에 대한 지나친 시기심은 결국 자신을 지치게 하고, 관계를 서서히 멀어지게 만듭니다. 이런 감정에 사로잡히면 친구와의 유대가 약해지고, 스스로 부정적인 생각에 갇혀 외로움 속에 고립되기 쉽습니다.

순자는, 참된 친구를 원한다면 모든 이해관계를 내려놓고, 이기심을 버린 채 순수한 마음으로 상대를 인정하고 아껴야 한다고 말합니다.

서로의 장점을 기쁘게 받아들이고, 서로의 성장을 응원함으로써 깊은 신뢰와 진심이 담긴 우정을 키워갈 수 있습니다. 진정한 우정은 비교나 경쟁이 아닌, 함께 웃고 성장하는 여정 속에서 피어나는 것입니다.

진정한 우정은 비교가 아닌 응원에서 자라며,
시기심을 내려놓을 때 비로소 마음은 함께 성장한다.

올바른 인성 만들기를 위한 실천

◇ 좋아하는 음식을 친구와 나눠 먹기

◇ 관심 있는 봉사단체와 월 1회 이상 기부하기

◇ 도움이 필요한 친구가 없는지 살펴보고 도와주기

* 투우(妬友) : 친구를 시기, 시샘하다.　* 현교(賢交) : 현명한 교제.

* 현인(賢人) : 어진 사람.　　* 부지(不至) : 찾아오다.

17 —— 근검절약하라

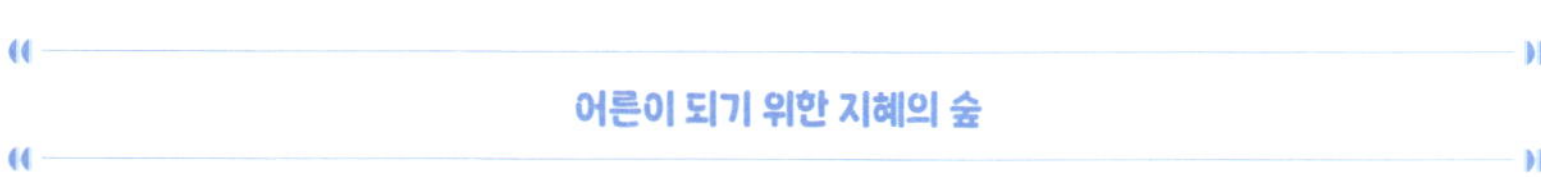

成家之兒는 惜糞如金하고　敗家之兒는 用金如糞이니라

"집안을 이룰 아이는 똥도 황금같이 아끼지만, 집을 망칠 아이는
황금 쓰기를 똥처럼 하느니라."라고 하였습니다.

《 어른이 되기 위한 지혜의 숲 》

최근 경제 상황의 어려움과 물가 상승으로 인해 많은 이들의 생활 습관이 변화하고
있습니다. 이 가운데 '미니멀 라이프'라는 자발적 절제의 삶이 주목받고 있습니다.
이는 단순히 소비를 줄이는 것을 넘어, 작고 소중한 것에서 행복을 찾고 삶의 질을 높
이려는 실천입니다.

재물이 많다고 무분별하게 쓰면 가정은 위태로워질 수 있지만, 근검절약하며 소소한
것에 감사하는 사람은 진정한 부유함을 누릴 수 있습니다.
"집안을 이룰 아이는 똥도 황금같이 아끼고, 집을 망칠 아이는 황금 쓰기를 똥처럼 한
다"는 말처럼, 작고 하찮은 자원이라도 아끼고 활용하는 태도가 결국 가정을 살리는
지혜가 됩니다.

따라서 우리는 가진 것의 가치를 알고, 낭비보다는 절제 속에서 감사하는 마음으로
살아가야 합니다. 진정한 행복은 풍요가 아닌, 자족과 절제 속에서 피어난다는 사실을
기억해야 합니다.

근검절약은 부족함을 채우고,
낭비는 풍요도 가난하게 만든다.

◇ 불필요한 전기 사용 하지 않기

◇ 자신의 용돈 지출 내역을 기록하기

◇ 부모님과 상의하여 저금할 수 있는 통장 만들기

* 성가(成家) : 집안을 일으킴.

* 패가(敗家) : 집안을 망침.

* 용금(用金) : 돈을 쓰다.

제12장

성심편
省心篇

마음을 살피라

下

이 성심편의 하(下)편에서는
주로 일상 생활하면서 기본에 충실한
삶과 자세를 강조하고
마음을 돌아보아 성찰하라는 가르침이 담겨 있습니다.
마음을 살피고 끊임없는 자기 성찰을 통해
올바른 마음가짐으로 성장하기를 바라는 마음입니다.

1 —— 상대방의 처지를 생각하라

許敬宗이 曰

春雨이 如膏나 行人은 惡其泥濘하고

秋月이 揚輝나 盜者는 憎其照鑑이니라

허경종이 말하기를, "봄비는 땅을 기름지게 하지만, 길을 가는 사람은 질퍽거리는 진흙을 싫어하고, 가을 달이 밝게 비추지만, 도둑은 밝게 비치는 것을 싫어하느니라."라고 하였습니다.

어른이 되기 위한 지혜의 숲

위의 가르침은 이기심을 내려놓고, 상대방의 관점에서 먼저 생각하라는 의미를 담고 있습니다. 농부에게 봄비는 매우 반가운 일이지만, 길을 걷는 행인에게는 불편을 초래할 수 있습니다.

또 밤하늘에 달빛이 밝게 비추면 길을 걷는 사람에게는 도움이 되지만, 남몰래 나쁜 짓을 하려는 사람에게는 어려운 상황이 될 수 있습니다.

이처럼 똑같은 상황이라도 처지에 따라 다르게 느껴지기 때문에, 우리는 자신의 시각에만 갇혀서는 안 되고, 타인의 상황과 감정을 이해하려는 마음을 가져야 합니다.

따라서 이기심을 버리고, 타인을 배려하며 너그러운 마음으로 대한다면, 더 성숙한 인격체로 성장할 수 있을 것입니다.

이러한 태도는 공동체 안에서 서로 돕고 이해하는 문화를 만들며, 나아가 진정한 사랑과 존경을 실천하는 삶을 살아가는 길이 될 것입니다.

이기심을 버리고 타인을 이해하려는 마음은
진정한 성숙과 사랑을 이끌어낸다.

올바른 인성 만들기를 위한 실천

◇ 친구의 부탁에 무조건 예스라고 해보기

◇ 친구의 실수를 10년 동안 비밀로 해주기로 약속하기

◇ 결정을 내리거나 행동할 때, 나만의 이익을 우선하지 않기

* 허경종(許敬宗) : 중국 당나라의 유명한 문장가로, 대대로 벼슬을 한 명문 귀족의 후손이며 재상까지 역임한 인물.

* 여고(如膏) : 기름지게 하는 것과 같다.　　* 이녕(泥濘) : 질퍽한 진흙.

* 양휘(揚輝) : 빛을 드러내다.　　* 조감(照鑑) : 밝게 비침.

2 —— 남을 먼저 생각하는 마음

悶人之凶하고 樂人之善하며 濟人之急하고 救人之危니라

"다른 사람의 흉한 것을 불쌍히 여기고, 다른 사람의 착한 것을
즐겁게 여기며, 다른 사람의 다급한 것을 도와주고, 다른 사람의
위태함을 구제해 주어라."라고 하였습니다.

어른이 되기 위한 지혜의 숲

우리말에 "긍휼(矜恤)"이라는 말이 있습니다. 이는 불행한 이들을 불쌍히 여기고 도와
주는 고귀한 마음을 뜻합니다.
아무런 대가 없이, 진심으로 어려운 이들을 보듬는 이 마음은 헌신이자 사랑이며, 인
격의 가장 깊은 표현이라 할 수 있습니다.

긍휼한 마음을 지닌 사람은 남의 슬픔에 함께 아파하고, 기쁨에는 진심으로 기뻐하며,
도움이 필요한 순간엔 기꺼이 손을 내밉니다. 이는 단순한 동정이 아니라, 함께 살아
가는 세상 속에서 서로를 이해하고 배려하려는 태도입니다.

이타적인 행동은 결국 따뜻한 관계와 성숙한 인격으로 이어지고, 나아가 더 나은 공
동체를 만들어 갑니다.
착한 마음은 언젠가 반드시 다시 돌아온다는 믿음을 가지고, 우리는 작은 실천부터
시작해야 합니다.

타인의 아픔에 공감하는 긍휼의 마음이,
가장 아름다운 인간다움을 만든다.

◇ 매월 1회 노인 복지관이나 아동 시설에서 봉사 활동하기

◇ 친구나 가족, 학교 친구들의 어려움을 살피고 도와주기

◇ 멀리 있는 친구나 할아버지와 할머니께 안부 전화하기

* 민인지흉(悶人之凶) : 사람의 흉한 것을 불쌍히 여김.

* 제인지급(濟人之急) : 사람의 다급함을 도와줌.

3 —— 정확한 진실로 판단하라

經目之事도 恐未皆眞이거늘　背後之言을 豈足深信이리오

> "눈으로 직접 본 일도 모두 진실되지 아니할까 두렵거늘, 뒤에서
> 하는 말을 어찌 족히 깊이 믿을 수 있겠는가."라고 하였습니다.

어른이 되기 위한 지혜의 숲

우리 속담에 "한편 말만 듣고 송사 못 한다"는 말이 있습니다. 이는 시비가 있을 때 한쪽 주장만 듣고 판단하는 것은 위험하다는 뜻으로, 사건의 전체 맥락을 이해하지 못한 채 성급히 결론을 내리는 일을 경계하라는 의미입니다.

사람들은 종종 직접 겪지 않은 일에 대해 한쪽 이야기만 듣고 판단하곤 합니다. 하지만 이는 오해를 낳고 때로는 큰 문제로 이어질 수 있습니다. 특히 나에 대한 비난이나 소문이 있을 때는 더욱 신중해야 합니다. 눈으로 본 사실조차 다양한 해석이 가능하다는 점을 기억해야 합니다.

따라서 우리는 한쪽 말에만 의존하지 말고, 다양한 의견을 듣고 종합적으로 생각하는 태도를 가져야 합니다. 이러한 자세는 성숙한 판단력을 기르고, 더 나은 사회적 관계를 맺는 데도 도움이 될 것입니다.

결국, 남의 말에 휘둘리지 않고 스스로 깊이 생각하며 공정하게 판단하는 성숙한 어른이 되기를 바랍니다.

모든 사실은 양면이 있으니,
한쪽의 말만 듣고 판단하기보다는
균형 잡힌 시각으로 모든 의견을 들어야 한다.

올바른 인성 만들기를 위한 실천

◇ 사건이나 문제에 대해 정보를 수집하고 다양한 관점으로 판단하기

◇ 사건이나 소문에 대해 사실관계를 분석하는 연습해 보기

◇ 효과적으로 의사소통하는 기술을 배우고 토론해 보기

* 경목지사(經目之事) : 눈으로 직접 본 일.

* 배후지언(背後之言) : 등 뒤에서 하는 말.

4 —— 자기 허물을 먼저 생각하라

불 한 자 가 급 승 단　　지 한 타 가 고 정 심
不恨自家汲繩短하고　只恨他家苦井深이라

> "자기 집의 두레박줄이 짧은 것은 탓하지 않고, 남의 집 우물
> 깊은 것만 탓하는 도다."라고 하였습니다.

맹자는 "남을 사랑하고 친해지지 않으면 인(仁)이 부족한 것이고, 남을 다스리는데 실패하면 지혜를 반성해야 하며, 남에게 예로써 대했음에도 불구하고 응답이 없으면 공경심을 돌아보아야 한다."고 말씀하였습니다.

자기 성찰은 자신의 마음과 행동을 되돌아보고, 과연 잘못이 있었는지를 살피는 과정입니다. 우리는 종종 다른 사람과의 갈등이 우리의 태도나 행동에서 비롯된 경우가 많습니다. 따라서 상대방의 시각에서도 상황을 이해하려는 노력이 필요합니다.
잘못이 발견되면 겸허하게 뉘우치는 자세가 중요하며, 이는 단순한 후회가 아니라 성장의 기회로 삼아야 합니다.

자신의 허물을 인식하고 반성하는 과정은 개인의 도덕적 성장뿐만 아니라 공동체의 발전에도 기여하는 중요한 요소입니다. 이러한 자기 성찰을 통해 더 나은 사람이 되기를 바라며, 이는 궁극적으로 주변에 긍정적인 영향을 미칠 것입니다.

자기 성찰은 남을 탓하기보다
자신의 행동을 돌아보고,
잘못을 겸허히 인정하는 데서 시작된다.

올바른 인성 만들기를 위한 실천

◇ 매일 10분간 명상을 통해 마음 다스리기

◇ 오늘 하루 친구들에게 잘못된 말과 행동을 했는지 기록하기

◇ 잘못된 언행이 있었다면 반성과 함께 친구에게 사과하기

* 급승(汲繩) : 두레박 줄. * 고정(蠱井) : 나쁜 우물.

5 —— 남의 충고를 받아들여라

子曰

木縱繩則直하고 人受諫則聖이니라

공자가 말하기를, "나무가 먹줄을 따르면 곧아지고, 사람이
간언을 받아들이면 거룩하게 되느니라."라고 하였습니다.

어른이 되기 위한 지혜의 숲

우리는 종종 작은 충격에도 유리처럼 쉽게 깨지고, 사소한 충고에 상처받아 자존감을 잃곤 합니다. 그 이유는 우리가 충고를 받아들이는 법을 배우지 못했기 때문입니다.

우리가 충고가 필요한 이유는 간단합니다. 인간은 결코 완벽하지 않으며, 항상 발전할 수 있는 존재이기 때문입니다. 자신에게 부족한 점이 있음을 인정하고, 타인의 조언을 통해 자신의 한계를 극복하려는 노력은 성숙한 인간으로 성장하는 데 필수적입니다.

누군가의 충고를 들었을 때, 즉각적으로 반응하거나 방어적인 태도를 보이기보다 기꺼이 귀 기울이는 자세가 필요합니다. 감정적으로 대응하기보다는 비판적으로 사고하며 충고의 의미를 성찰하는 태도가 중요합니다.
이를 위해서는 마음의 균형을 유지하고, 나 역시 완벽하지 않다는 사실을 인정해야 합니다. 그래야만 타인의 조언을 가치 있게 받아들이고, 자신의 부족함을 개선하려는 노력을 할 수 있습니다. 이러한 태도는 성숙한 어른으로 성장하는 데 중요한 밑거름이 될 것입니다.

성숙이란, 충고에 상처받기보다
그 속에서 나를 돌아보는 용기를 키우는 일이다.

올바른 인성 만들기를 위한 실천

◇ 다른 사람으로부터 받은 충고나 조언을 기록하는 일기를 작성하기

◇ 친구, 가족 등 주변 사람들에게 정기적으로 피드백을 요청하기

◇ 자신이 존경하는 사람을 찾아 그들의 경험과 충고를 들어보기

* 종승(縱繩) : 먹줄을 따름.

* 수간(受諫) : 충고를 받아들임.

6 —— 이유 없는 재물은 화를 부른다.

蘇東坡 曰

無故而得千金이면 不有大福이라 必有大禍이니라

> 소동파가 말하기를, "이유 없이 천금을 얻는 것은 큰 복이 있는 것이 아니라, 반드시 큰 재앙이 있을 것이니라."라고 하였습니다.

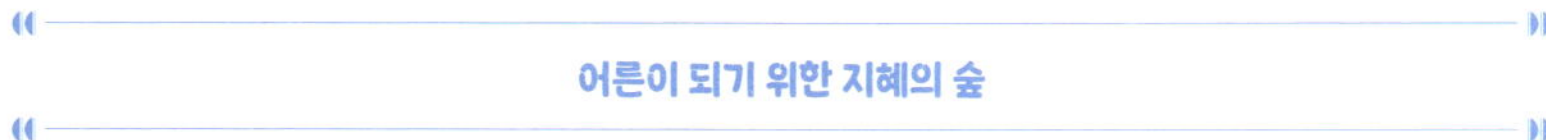

재물, 즉 돈은 인간의 욕망을 충족시키는 기본 수단이며, 의식주를 해결하고 삶을 편리하게 만들어줍니다.

그러나 현대 사회에서는 노력 없이 부를 얻으려는 유혹에 쉽게 빠지기 쉽습니다. 부동산 투기, 가상화폐, 복권, 주식 등 손쉽게 돈을 벌려는 시도가 오히려 더 큰 문제를 초래하는 경우가 많습니다.

진정한 재물은 자신의 피와 땀이 담긴 노력의 결과로 얻어질 때 비로소 가치가 있습니다. 이유 없이 얻은 돈은 종종 불행의 씨앗이 되기도 합니다.

따라서 우리는 재물을 인생의 목표로 삼기보다, 자신이 하는 일에 최선을 다하고 끊임없이 성장하려는 자세를 가져야 합니다. 그 과정에서 자연스럽게 따라오는 결과로서의 재물을, 삶의 보람과 성숙의 증표로 받아들이기를 바랍니다.

진정한 부는 피와 땀의 노력을 통해
얻어지는 것이며, 노력 없는 재물은
오히려 재앙을 초래할 수 있음을 명심해야 한다.

◇ 경제와 재정 관리를 이해하기 위해 관련 책을 읽어보기

◇ 소액의 용돈을 절약하여 자금을 모으는 경험을 쌓아보기

◇ 경제와 재정 관리를 위해 용돈 가계부를 작성해 보기

* 소동파(蘇東坡) : 중국 북송 때의 문학가로 이름은 식(軾), 자는 자첨(子瞻), 시호는 문충(文忠)이며 '동파'는 그의 호이다. 다재다능한 문학의 거장으로 시와 산문을 비롯하여 그림과 글씨에도 뛰어났다.

7 ── 화와 복은 행실에 달려 있다.

康節邵先生이 曰

有人이 來問福하여 如何是禍福고

我虧人是禍요 人虧我是福이니라

> 강절 소 선생이 말하기를, "어떤 사람이 와서 점을 보라고
> 물으며, 어떤 것이 화가 되고 어떤 것이 복이 되느냐고 묻기에,
> 내가 다른 사람에게 해롭게 하면 화가 되고, 다른 사람이 나를
> 해롭게 하면 복이 된다."라고 하였습니다.

어른이 되기 위한 지혜의 숲

사람은 말과 행동으로 자신을 드러냅니다. 좋은 말과 행동은 복을 부르고, 나쁜 말과 행동은 화를 초래합니다. 결국 화와 복은 우연이 아니라, 우리의 태도와 언행에서 비롯된다는 사실을 기억해야 합니다.

다른 사람을 헐뜯으면 그 해는 결국 자신에게 돌아오고, 남이 나를 비난할 때는 겸허히 돌아보며 자신을 고칠 기회로 삼아야 합니다. 특히 친구들과의 관계 속에서 나의 말과 행동을 돌아보는 일은 더욱 중요합니다.

친구의 비판은 나를 성장시키는 거울이 될 수 있으며, 이를 통해 더 성숙한 어른으로 나아갈 수 있습니다. 자기반성과 긍정적인 변화의 자세는 인생을 복되게 만드는 밑거름이 됩니다.

말과 행동은 나를 드러내는 거울이며,
긍정적인 선택이 복을 부르고 부정적인 선택이 화를 초래한다.

올바른 인성 만들기를 위한 실천

◇ 오늘 자신이 말했던 긍정의 말과 부정의 말을 점검해 보기

◇ 부정적인 반응을 보였던 상황을 기록해 보기

◇ "네가 느낀 감정이 어떤 건지 이해할 수 있어"라고 말하기

* 유인(有人) : 어떤 사람.　　* 문복(問福) : 점을 치다.

* 아휴인(我虧人) : 내가 남을 해침.　* 인휴아(人虧我) : 남이 나를 해침.

8 —— 만족하는 삶을 살아라

대 하 천 간   야 와 팔 척

大廈千間이라도 夜臥八尺이요

양 전 만 경   일 식 이 승

良田萬頃이라도 日食二升이니라

어른이 되기 위한 지혜의 숲

위의 말씀은 자기의 분수를 알고 욕심을 부리지 말며, 만족하며 살아가라는 중요한 가르침을 담고 있습니다. '자기 분수'를 아는 것은 사리를 분별하는 지혜의 표현이며, 자신의 신분에 맞는 행동과 한계를 깨닫는 것을 의미합니다.

사람은 자신에게 알맞은 몫을 받아들이고, 과분한 욕심을 버리는 것이 중요합니다. 자기 분수를 아는 것은 자신의 한계를 인식하고, 과분한 욕망을 지양하며, 자족하고 만족하는 삶을 사는 것을 말합니다. 인간의 욕심은 한계가 없으며, 많은 것을 소유하더라도 남의 것을 탐내려는 마음은 인간 본연의 한 단면입니다.

과분한 욕심을 추구할 경우 불행을 초래할 수 있으며, 반대로 자족하고 만족하는 마음을 가질 때 진정한 행복을 누릴 수 있습니다. 이와 같은 관점을 통해 자신의 삶을 돌아보고, 욕망과 만족의 균형을 찾아 성장해 나가기를 바랍니다. 이러한 과정은 궁극적으로 더 행복한 삶을 살아가는 데 도움이 될 것입니다.

자기 분수를 아는 마음이 과욕을 이기고,
자족하는 삶이 진정한 행복을 만든다.

◇ 작은 목표를 달성할 때마다 자기 자신에게 상 주기

◇ 내가 지나칠 정도로 집착하고 있는 것이 무엇인지 체크하기

◇ 매일 감사한 일 세 가지를 일기장에 기록하기

* 대하(大廈) : 큰 집.　　* 야와(夜臥) : 밤에 눕는 자리.

* 양전(良田) : 좋은 밭.　　* 이승(二升) : 두 되

9 ── 친한 사이일수록 예의를 지켜라

久住令人賤이요 頻來親也疎라

但看三五日에 上見不如初라

"오래 머물면 사람이 자주 오면 사람이 천하게 여겨지고,
자주 오면 친하던 사이도 멀어진다. 단지 사흘이나 닷새 만에
보는데도 서로 보는 눈이 처음과 같지 못하다."라고 하였습니다.

어른이 되기 위한 지혜의 숲

친한 사이일수록 예의를 갖추는 것이 중요합니다. 우리는 가까운 친구일수록 편하게 대하면서, 관심과 배려를 당연히 여기고 무심코 말이나 행동에서 선을 넘기기 쉽습니다. 하지만 그런 태도는 우정을 해치고 서로의 감정을 상하게 할 수 있습니다.

친구 간에는 의리도 중요하지만, 그 안에서 인격과 개성을 존중하고 겸손한 태도를 유지해야 합니다. 친구의 실수를 조롱하거나 남에게 이야기하는 대신, 따뜻하게 감싸 주고 격려하는 자세가 진정한 우정을 지키는 길입니다.

기본적인 예의와 존중이 지켜지는 관계는 시간이 흘러도 깊은 신뢰와 우정을 이어가게 하며, 우리를 더욱 성숙한 사람으로 성장하게 만듭니다. 친구와의 관계에서 항상 배려하는 마음을 잊지 말아야 합니다.

친밀한 관계일수록 예의를 지키고 존중할 때,
진정한 우정은 더욱 깊어지고 지속된다.

올바른 인성 만들기를 위한 실천

◇ 친구의 실수를 다른 친구들에게 농담으로 이야기하지 않기

◇ 친구에게 "고마워, 너 덕분에 많은 도움이 돼"라는 말을 자주 하기

◇ 친구가 어려울 때, "괜찮아 다 잘 될 거야" 라고 말하기

* 구주(久住) : 오래 머물러 있음.　* 불여초(不如初) : 처음과 같지 않다.

10 ── 처음의 마음을 잃지마라

說苑에 曰, 官怠於宦成하고 病加於小愈하며

禍生於懈怠하고 孝衰於妻子이니

察此四者하여 愼終如始니라

『설원』에 말하기를, "관리는 벼슬자리가 생긴 데서 태만해지고, 병은 조금 낫는 데서 더해지며, 재앙은 게으르고 나태한 데서 생기고, 효도는 처자식이 생기는 데서 사그라진다. 이 네 가지를 살펴서 처음처럼 나중에도 삼가야 한다.

어른이 되기 위한 지혜의 숲

'초심(初心)'은 우리가 처음 가졌던 순수한 마음을 의미합니다. 어떤 일을 시작할 때의 순수한 의도와 마음가짐을 잃지 말라는 가르침이 담겨 있습니다.

시간이 지나면서 사람의 마음은 변할 수 있지만, 지위나 권력이 높아졌다고 해서 교만하거나 아랫사람을 무시해서는 안 됩니다. 또한, 건강이 나아졌다고 방심하거나 소중한 것들에 대한 책임을 다하지 않으면 결국 삶이 피폐해질 수 있습니다.

초심을 유지하는 것은 자신의 성장뿐만 아니라, 주변 사람들에게 긍정적인 영향을 미칩니다. 순수한 마음을 간직하며 살아간다면, 진정한 행복과 성취를 누릴 수 있을 것입니다.

초심을 잃지 않는 것은 진정한
성장과 관계의 깊이를 더하는 길이다.

올바른 인성 만들기를 위한 실천

◇ 목표의 의미와 자신이 왜 그 목표를 세웠는지를 기록해 보기

◇ 처음의 목표와 계획이 지금과 얼마나 일치하는지 점검하기

◇ 부모님이나 친구들에게 작은 도움이나 감사의 표현하기

* 설원(說苑) : 중국 전한(前漢) 때의 학자 유향(劉向)이 편찬한 책으로 총 20편으로 구성되어 있다.

* 환성(宦成) : 지위가 높아짐.　　* 소유(小愈) : 병이 조금 나음.

* 해태(懈怠) : 게으른 것.　　* 효쇠(孝衰) : 효도를 소홀히 함.

11 ── 시간을 아껴 써라

尺璧非寶요 寸陰是競이니라

"한 자 크기의 둥근 구슬이 보배가 아니니, 한 치의 시간을
다투어 아껴야 한다."라고 하였습니다.

시간은 영원에서 영원으로 흐르지만, 우리가 실제로 쓸 수 있는 시간은 매우 제한적입니다. 이 소중한 자원을 어떻게 활용하느냐에 따라 인생의 방향이 달라질 수 있습니다.

오늘 하루를 계획하고 성실히 살아야만 내일의 열매를 기대할 수 있습니다. 지금 이 순간을 헛되이 보내면, 내일은 병든 열매를 맺을 수밖에 없습니다. 인생은 한 번뿐이며, 특히 청소년기는 시간을 아껴 써야 할 결정적인 시기입니다.

하루를 일찍 시작하고 불필요한 행동을 줄이며, 계획적인 삶을 사는 자세가 필요합니다. 보석보다 귀한 것이 시간이며, 시작한 일은 미루지 않고 마무리하는 습관이 중요합니다.
시간을 소중히 여기는 태도는 학업은 물론 인생 전반의 성장과 발전을 이끄는 열쇠입니다. 그러므로 목표를 세우고 구체적인 계획을 통해 시간의 가치를 극대화하는 삶을 살아가야 합니다.

시간을 사랑하는 사람만이
진심으로 인생을 사랑할 수 있습니다.

◇ 매일 아침, 그날의 목표와 할 일을 목록으로 작성하기

◇ 60분 동안은 학습에만 집중하고 그 후 짧은 휴식을 가지기

◇ 오늘 하루 자신이 얼마나 시간을 잘 활용했는지 반성하기

* 척벽(尺璧) : 한 자 크기의 구슬.

* 촌음(寸陰) : 한 치의 광음. 짧은 시간.

12 —— 재물보다 재주를 익혀라

太公이 曰

良田萬頃이 不如薄藝隨身이니라

> 태공이 말하기를, "좋은 밭, 일만 이랑이 하찮은 재주를 제 몸에
> 지닌 것만 못하다."라고 하였습니다.

어른이 되기 위한 지혜의 숲

현대 사회는 빠르게 변화하며 다양한 직업과 기술이 요구되는 시대에 접어들었습니다. 특히 인공지능의 발전은 기술의 중요성을 더욱 부각시키고 있습니다. 이제는 단순히 공부만 잘한다고 성공하는 시대가 아니라, 개인의 재능과 기술이 더 많은 기회를 여는 열쇠가 되고 있습니다.

재물은 성공의 결과일 수 있지만, 그것을 얻기 위해 모든 것을 희생할 필요는 없습니다. 재물은 언제든 사라질 수 있지만, 기술과 재능은 한 번 익히면 평생 자산이 되어 우리를 성장시키고 기회를 만들어줍니다.

따라서 자신의 재능을 발견하고 개발하는 노력이 중요합니다. 실패를 두려워하지 않고 끊임없이 배우며 도전하는 자세가 결국은 성공으로 이어지고, 사회에도 긍정적인 영향을 미치는 밑거름이 됩니다. 진정한 성공은 재물이 아닌, 자신이 가진 능력을 통해 이뤄낸 성장과 발전에 있습니다.

재물은 사라질 수 있지만,
재능은 평생을 지켜주는 자산이다.

◇ 교과목 외에 댄스, 디자인, 요리, 음악 등 다양한 기술 배우기

◇ 매주 새로운 기술을 연습하거나 관련 책을 구입하여 읽기

◇ 지역 사회의 필요에 따라 재능을 나누는 기부 활동에 참여하기

* 박애(薄藝) : 보잘것없는 재주   * 수신(隨身) : 몸에 지님.

13 ─ 남을 탓하지 마라

性理書에 云하기를

接物之要는 己所不欲을 勿施於人하고

行有不得이거든 反求諸己니라

『성리서』에 이르기를, "사물을 접하는 요령은 자기가 하지
않는 것을 남에게 베풀지 말고, 행하여 얻지 못한 것이
있거든 돌이켜보아 그 원인을 자기 자신에게서 찾아라."라고
하였습니다.

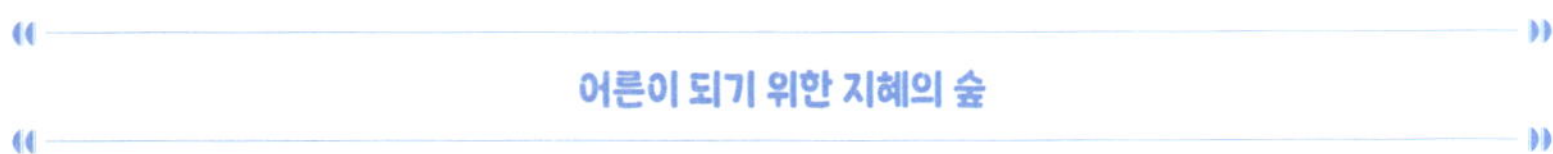

일이 뜻대로 되지 않을 때, 남을 탓하기보다 먼저 자신을 돌아보는 자세가 중요합니다. 고(故) 김수환 추기경님의 "다 내 탓이요"라는 말씀은 문제의 원인을 외부가 아닌 자신에게서 찾아야 한다는 깊은 자기반성의 메시지를 담고 있습니다.

공자의 손자인 증자는 "나는 하루에 세 번 반성한다"고 하며, 자신이 맡은 일에 최선을 다했는지, 친구와의 신의는 지켰는지, 배움을 소홀히 하지는 않았는지를 되돌아보았습니다. 그는 자신을 꾸짖고, 끊임없이 개선하려는 태도를 실천했습니다.

이처럼 성숙한 사람은 남을 탓하기에 앞서 자신의 부족함을 먼저 살피고 반성할 줄 압니다. 이러한 자기 성찰의 습관이야말로 진정한 성장을 이끄는 밑바탕이 됩니다.

남을 탓하기 전에 나를 돌아보고,
문제의 원인을 나에게서
찾는 것이 성숙한 자기 성찰이다.

◇ 남을 탓하기 전에 "내가 잘못한 점은 무엇일까?"를 먼저 생각하기

◇ 오늘 하루 동안 했던 행동과 말들을 기록하며 돌아보기

◇ 나의 생각을 강요하기 전에 상대의 입장부터 살펴보기

* 접물(接物) : 일을 대하다.

* 기소불욕(己所不欲) : 자기가 하고 싶지 않은 것.

제13장

입교편
立敎篇

가르침을 세우다

입교(立敎)는 가르침이라는 뜻입니다.
사람은 세상을 살아가면서
마땅히 지켜야 할 도리가 있습니다.
한 개인과 가정과 사회와 국가에서 요구되는
올바른 이치나 품성을 갈고 닦아서
좋은 열매를 거둘 수 있도록 해야 합니다.

1 —— 사람이 지켜야 할 다섯 가지 도리(오륜)

성리서　운
性理書에 云하기를

오교지목　부자유친　　군신유의
五敎之目은 父子有親하며 君臣有義하며

부부유별　　장유유서　　붕우유신
夫婦有別하며 長幼有序하며 朋友有信이니라

성리서에 이르기를, "다섯 가지 가르침의 조목은 아버지와 자식 사이에는 서로 친함이 있어야 하고, 임금과 신하 사이에는 의리가 있어야 하며, 남편과 아내 사이에는 서로 분별이 있어야 하며, 어른과 아이 사이에는 차례가 있어야 하며, 친구 사이에는 믿음이 있어야 한다."라고 하였습니다.

❝ —— 어른이 되기 위한 지혜의 숲 —— ❞

오교(五敎)란 우리가 흔히 말하는 오륜(五倫)을 가리킵니다. 오륜은 다섯 가지의 중요한 인간관계를 나타내며, 각각의 의미는 다음과 같습니다.

첫째, 부자유친(父子有親)은 부모가 자식을 사랑하고 이끌어 주어야 하며, 자식은 부모를 공경하고 받들어야 한다는 것을 의미합니다.

둘째, 군신유의(君臣有義)는 임금이 신하를 공정하게 대우하고, 신하는 임금에게 충성을 다해야 한다는 것을 강조합니다.

셋째, 부부유별(夫婦有別)은 남편과 아내가 각자의 역할과 책임을 다해야 한다는 의미로, 서로에 대한 존중과 이해를 강조합니다.

넷째, 장유유서(長幼有序)는 나이가 어린 사람은 나이 많은 사람을 존경하고 받들어야 한다는 가르침으로, 세대 간의 존중과 질서를 유지하는 중요성을 담고 있습니다.

마지막으로, 붕우유신(朋友有信)은 친구 사이에는 반드시 신뢰가 있어야 한다는 것을 의미하며, 건강한 인간관계를 위한 기초입니다.

사람답게 산다는 것은,
함께 살아가는 방법을 배우는 것이다.
오륜은 서로를 존중하며 지켜야 할 관계의 약속이다.

올바른 인성 만들기를 위한 실천

◇ 지역 사회나 학교에서 봉사 활동에 부모님과 함께 참여하기

◇ 부모님께 감사의 편지 쓰기

◇ 선생님과 친구들에게 존경과 예의를 지키는 태도를 갖추기

* 성리서(性理書) : 중국 송(宋)나라 때의 유교의 한 계통을 밝힌 책으로, 인성과 천명, 태극과
음양을 말한 유교 철학책.

2 ── 사람이 지켜야 할 세 가지 근본(삼강)

삼 강
三綱은

군 위 신 강   부 위 자 강   부 위 부 강
君爲臣綱이요 父爲子綱이요 夫爲婦綱이니라

> "세 가지의 근본은 임금은 신하의 모범이 되고, 아버지는
> 자식의 모범이 되며, 남편은 아내의 모범이 되는 것이라."라고
> 하였습니다.

어른이 되기 위한 지혜의 숲

임금은 올바른 행동과 몸가짐으로 신하의 모범이 되어야 하며, 그런 태도가 신하로 하여금 임금을 존경하고 따르게 만드는 바탕이 됩니다. 이와 마찬가지로, 부모는 자녀에게 바른 행동으로 본보기가 되어야 자녀가 부모를 공경하는 마음을 가질 수 있습니다. 남편과 아내 역시 서로의 언행이 바르지 않으면 존경이 무너지고, 부부 간의 도리를 잃어 가정의 화목도 흔들릴 수 있습니다.

이러한 인간관계의 기본 원리를 '삼강(三綱)'이라 하며, 이는 유교 도덕에서 인간의 도리를 실천하는 중요한 지침이 됩니다.

또한 앞서 배운 '오륜'과 함께 삼강오륜은 개인의 삶은 물론 사회의 질서와 조화를 이루는 데 필수적인 덕목으로 자리 잡고 있습니다.

비록 현대 사회의 가치관과 도덕 기준이 시대에 따라 달라질 수 있지만, 삼강오륜의 핵심 정신은 인간관계의 본질을 담고 있으며 결코 변하지 않는 가치를 지닙니다.

훗날 어른이 되었을 때, 삼강오륜의 덕목을 마음에 새기고 이를 다음 세대에 바르게 전해주길 바랍니다. 이 가르침이야말로 바른 인성과 도덕을 지키는 튼튼한 뿌리가 될 것입니다.

존경은 명령이 나니라 본보기에서 시작된다.
삼강은 사람 사이를 바로 세우는 기준이다.

◇ 가정 내에서의 역할 다하기 – 일주일에 2번 이상 방 청소하기

◇ 학교에서의 존경과 배려 실천 – 선생님 수업에 집중하기

◇ 사회에서의 책임감 갖기 – 집 주변에 쓰레기 줍기

* 삼강(삼강) : 유교 도덕에서 기본이 되는 세 가지 강령. 곧, 임금과 신하, 부모와 자식, 남편과 아내 사이에 마땅히 지켜야 할 도리.

3 —— 공평하고 청렴하게 살아라

忠子 曰

治官엔 莫若平이요 臨財엔 莫若廉이니라

충자가 말하기를, "벼슬함에는 공평함이 제일이고, 재물을 대할 때는 청렴함이 제일이다."라고 하였습니다.

어른이 되기 위한 지혜의 숲

나라가 바로 서기 위해서는 벼슬자리에 있는 사람들이 공평하고 청렴한 마음으로 행동해야 합니다. 사사로운 감정이나 개인의 이익에 휘둘리지 않고, 공정하고 깨끗한 마음으로 일을 처리할 때, 국민의 안위와 정의가 확립될 수 있습니다.

비록 여러분이 청소년이라 이 가르침이 먼 이야기처럼 느껴질 수 있지만, 친구 관계에서도 공정하고 청렴한 마음으로 판단하고 행동하는 것이 중요합니다.
훗날 중요한 직책에 있을 때, 사사로운 감정이나 욕심에 휘둘리지 않고 공정하고 청렴한 마음을 지키는 자세는 개인뿐만 아니라 사회에도 긍정적인 영향을 미칠 것입니다.

결국, 청렴한 자세는 신뢰를 쌓고, 사회의 정의를 구현하는 데 필수적인 요소입니다. 작은 일에서부터 공정함을 지키는 행동이 긍정적인 변화를 이끌어낼 것입니다. 이러한 원칙을 실천하며, 사회의 미래를 책임질 주체로 성장해 나가기를 바랍니다.

공정함과 청렴함은
사회의 정의를 구현하는 기초가 된다.

◇ 시험이나 과제에서 부정행위를 하지 않고 정직하게 수행하기

◇ 거짓과 잘못된 행동으로 인해 피해를 입은 친구가 있다면 사과하기

◇ 쉽게 약속하지 않고, 일단 약속한 것은 반드시 지키기

* 평(平) : 공평함. * 임재(臨財) : 재물을 대할 때.

* 렴(廉) : 청렴함.

제14장

치정편
治政篇

정사를 다스리다

치정(治政)이란
부정을 바로잡아 다스린다는 뜻으로
나라의 정사를 맡은 관리들이
어떤 몸가짐으로 정치를 해야 하는지,
어떻게 봉사해야 하는지를 가르쳐 주고 있는
지혜의 말씀입니다.

1 ── 사물을 사랑하는 마음이 있어야 한다

明道先生이 曰

一命之士가 苟有存心於愛物이면 於人에 必有所濟니라

> 명도선생이 말하기를, "처음으로 벼슬을 얻은 사람이라도
> 진실로 사물을 사랑하는 일에 마음을 둔다면 다른 사람에게
> 반드시 도움이 되는 일이 있을 것이다."라고 하였습니다.

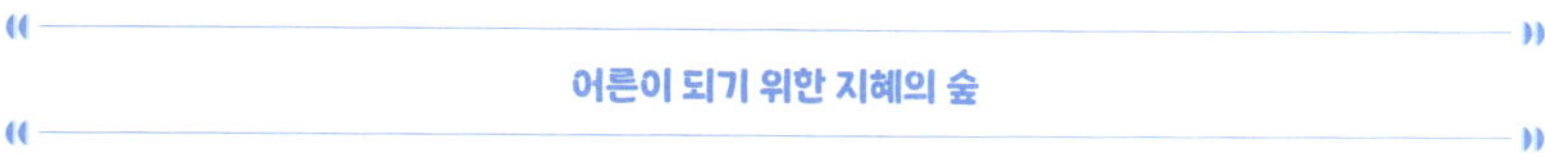

명도 선생의 말씀은 관직에 있는 사람이 가져야 할 바른 마음가짐을 강조합니다. 지위가 낮은 선비라 할지라도 진심으로 사물을 아끼고 사랑하는 마음이 있다면, 반드시 남에게 도움이 될 수 있다는 가르침입니다.

이는 지위의 높고 낮음을 떠나, 모든 공직자에게 해당하는 중요한 덕목입니다.

여러분이 훗날 사회의 일원이 되어 공직이나 책임 있는 자리에 설 때, 백성의 어려움을 살피고 기쁨과 슬픔을 함께 나누는 따뜻한 마음을 지닌다면, 자연스레 많은 이들의 신뢰와 존경을 받을 수 있을 것입니다.

결국, 타인을 돕는 일은 지위에 좌우되지 않고, 선한 마음과 진심 어린 배려에서 비롯됩니다. 이러한 자세는 공동체를 건강하게 만들고, 진정한 리더의 길로 나아가는 밑바탕이 됩니다.

진정한 리더는 지위의 높고 낮음에 상관없이
사람들의 어려움을 이해하고 함께하는 마음을 가져야 한다.

올바른 인성 만들기를 위한 실천

◇ 반 친구들이나 선생님과 주 1회 모임을 갖고 소통하기

◇ 학업 성적이 낮은 친구를 주 1회 함께 공부하거나 도움주기

◇ 오늘 해야 할 일 목록을 만들고 70% 이상 완수하기

* 명도선생(明道先生) : 중국 북송(北宋) 때의 유학자로 성리학을 크게 발전시켰으며, 도학(道學)에

밝다고 하여 사람들로부터 명도선생이라 불리었음.

* 일명지사(一命之士) : 처음으로 관직에 임명된 사람.

* 필유소제(必有所濟) : 반드시 ~하는 바가 있다.

2 ── 공직자가 지켜야 할 세 가지

童蒙訓에 曰

當官之法이 唯有三事하니 曰淸曰愼曰勤이라

知此三者라야 知所以持身矣니라

『동몽훈』에 말하기를, "관직을 맡았을 때의 법도는 오직 세 가지가 있으니 청렴과 신중함과 근면함이다. 이 세 가지를 알면 몸가짐을 어떻게 해야 할 것인가를 알게 된다."라고 하였습니다.

어른이 되기 위한 지혜의 숲

위의 말씀은 관직을 맡은 사람에게 필요한 세 가지 중요한 법도를 청소년 여러분에게 전하고 있습니다.

첫째, 청렴함을 유지하는 것입니다. 여러분은 어떤 위치에 있든지 권한이나 영향력을 남용하지 않고, 정직하고 투명한 태도를 유지해야 합니다.

둘째, 모든 사람을 공정하게 대하는 것입니다. 어떤 상황에서도 타인의 인권을 존중하고 차별 없이 대하는 신중함이 필요합니다.

셋째, 책임감과 근면함을 가져야 합니다. 여러분은 맡은 일에 대해 책임을 다하고 항상 최선을 다하는 자세를 가져야 합니다.

이 세 가지 법도는 청소년 여러분이 훗날 어른으로 성장하여 리더가 되거나 조직의 수장이 되거나 주요 정부 기관에 소속될 때 반드시 기억해야 할 원칙입니다.

진정한 어른은 청렴함과 공정함,
책임

◇ 친구와 쉽게 약속하지 않고, 일단 약속한 것은 반드시 지키기

◇ 손해를 보더라도 정직하게 행동하겠다고 다짐하기

◇ 친구나 동급생의 의견과 감정을 존중하고, 차별 없이 대하기

* 동몽훈(童蒙訓) : 송나라 학자 여본중(呂本中)이 아이들에게 교훈이 될 만한 내용을 꾸민 책.

* 당관(當官) : 관직을 맡은 사람.

* 차삼자(此三者) : 이 세 가지(청렴 신중함, 근면함)

3 —— 노여워하는 것을 경계하라

當官者는 必以暴怒爲戒하여

事有不可어든 當詳處之면 必無不中이러니와

若先暴怒면 只能自害라 豈能害人이리오

"관직에 있는 자는 반드시 심하게 노여워하는 것을 경계하여야
하며, 일에 옳지 않음이 있거든 마땅히 자상하게 처리하면
반드시 들어맞게 될 것이고, 만약 성내기부터 먼저 한다면 오직
자신을 해롭게 할 뿐이니 어찌 남을 해롭게 할 수 있으리오."라고
하였습니다.

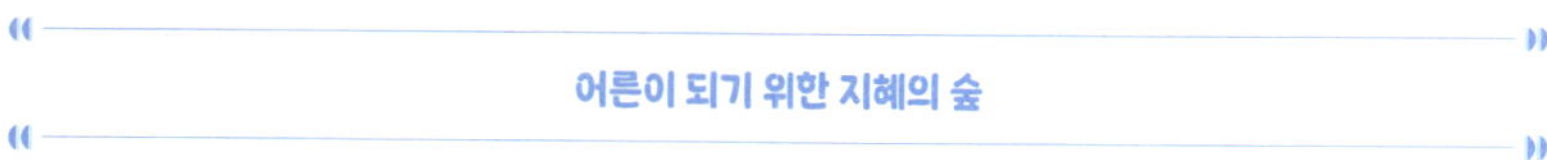

관직에 있는 사람은 감정을 잘 다스릴 줄 알아야 합니다. 감정을 억누르지 못하고 격하게 표현하면 일의 본질을 흐리고, 오히려 문제를 키울 수 있습니다. 공직은 개인의 이익이 아닌 국민을 위한 자리라는 사실을 늘 기억해야 합니다.

특히 공직자가 분노를 표출하면 이성을 잃고 판단력이 흐려져, 일의 신뢰성과 공정성이 훼손될 수 있습니다. 따라서 어떤 상황에서도 침착하게 원인을 살피고 신중하게 대응하는 자세가 필요합니다.

이러한 마음가짐은 단지 공직자뿐 아니라, 일상 속에서 친구나 가족, 주변 사람들과의 관계를 건강하게 유지하는 데에도 큰 도움이 됩니다. 감정을 잘 다스리는 능력은 갈등을 예방하고 더 나은 사람으로 성장하는 데 중요한 밑거름이 될 것입니다.

자신의 감정을 다스리는 것은
모든 인간관계에서 조화와 이해를 이루는 핵심이다.

올바른 인성 만들기를 위한 실천

◇ 매일 자신의 감정을 기록하는 습관 가지기

◇ 스트레스 받을 때마다 5분간 명상하거나 깊게 심호흡하기

◇ 친구와 대화에서 나의 감정을 표현하는 어휘 다섯 가지 적어보기

* 폭노(暴怒) : 심하게 성냄.　　* 상처지(詳處之) : 일을 자세히 알아보고 처리함.

* 부중(不中) : 적중하지 않음.　　* 지(只) : 다만. 단지.

제15장

치정편
治政篇

집안을 바르게 다스리다

치가(治家)란 집안을 다스린다가 뜻입니다.
한 집안의 남편과 부인은 治家로 예의와 예절로서
가정을 올바르게 보살피고 다스려야 하며,
가장 중요한 인성교육의 공간이 되어야 합니다.
훗날 어른이 되어, 결혼한 후 가정을 이루게 된다면
가정이라는 공간 속에서 사회생활에 필요한
인격의 기초를 준비하기를 바랍니다.

1 —— 어른에게 여쭈어보라

司馬溫公이 曰

凡諸卑幼는 事無大小에 毋得專行하고 必咨稟於家長이니라

> 사마온공이 말하기를, "무릇 손아랫사람들은 일의 크고 작음을
> 가릴 것 없이 제멋대로 행동하지 말고, 반드시 집안 어른께
> 여쭈어보고 나서야 하느니라."라고 하였습니다.

어른이 되기 위한 지혜의 숲

가정의 질서를 지키기 위해서는 중심이 되는 어른의 역할이 필요합니다. 오늘날에는 가족이 함께 생활하는 경우가 줄고, 어르신과 함께 사는 모습도 점점 보기 어려워졌습니다. 각자의 삶을 존중하는 사회 분위기 속에서도, 가족 간의 문제나 어려움이 생길 때는 여전히 부모님이나 어른의 지혜를 구하는 것이 중요합니다.

이러한 태도는 세대와 상관없이 이어져 온 소중한 문화적 전통이며, 가정의 질서를 유지하고 서로를 존중하는 데 필수적인 요소입니다.

그러므로 집안일이나 가족과 관련된 중요한 일에는 반드시 어른의 의견을 듣고 함께 의논하는 자세가 필요합니다. 아무리 작은 일이라도 독단적으로 처리하면 가족 간 신뢰에 금이 갈 수 있습니다.

어른을 공경하고 그 지혜를 존중하는 마음은 건강한 가정의 기반이 되며, 더 나아가 사회의 화합과 안정에도 긍정적인 영향을 줍니다. 서로의 의견을 존중하며 소통하는 자세는, 우리가 어떤 사회를 만들고자 하는지에 대한 중요한 출발점이 됩니다.

가정의 질서는 어른을 존중하고
그 지혜를 따르는 데서 시작된다.

올바른 인성 만들기를 위한 실천

◇ 가족의 족보, 역사, 경험 등 부모님과 어른과 이야기 나누기

◇ 친구를 초대하거나 집안일 할 때, 부모님과 미리 상의하기

◇ 설거지, 청소, 장보기 등의 집안일을 주말에 같이 해보기

* 사마온공(司馬溫公) : 중국 북송 때의 학자, 정치가이며, 20세에 진사(진사)가 됨.

* 비유(卑幼) : 아랫사람 또는 어린 사람.　　* 전행(專行) : 자기 마음대로 행함.

* 자품(咨稟) : 윗사람에게 여쭈어 봄.　　* 가장(家長) : 집안의 어른.

2 —— 효도하면 가정이 화목해진다.

子孝雙親樂이요 家和萬事成이니라

> "자식이 효도하면 어버이가 즐겁고, 집안이 화목하면 모든 일이
> 이루어진다."라고 하였습니다.

어른이 되기 위한 지혜의 숲

'가화만사성(家和萬事成)'은 가정이 화목할 때 모든 일이 순조롭게 이루어진다는 뜻입니다. 가정은 사회생활의 출발점이자 공동체 생활의 가장 작은 단위입니다. 가족 간의 갈등과 미움은 가정의 불화를 낳고, 결국 파탄에 이르는 경우도 많습니다.
이런 맥락에서 볼 때, 효(孝)는 가정의 화목을 지키는 중요한 덕목입니다. 효는 부모의 사랑과 은혜를 알고 감사하는 마음으로 실천하는 것이며, 시대가 바뀌어도 그 본질은 변하지 않습니다. 따라서 우리는 스스로에게 물어야 합니다.

"나의 말이나 행동이 부모님께 누를 끼치고 있지는 않은가?",
"정성을 다해 효도하고 있는가?"

이러한 성찰을 통해 효를 실천하면, 부모님을 기쁘게 하고 가정을 화목하게 만들 수 있습니다. 가정의 평화는 곧 개인의 행복으로 이어지며, 건강한 가정은 건강한 사회의 기초가 됩니다. 효를 실천하는 작은 마음이 모여 가화만사성의 가치를 실현하게 된다는 사실을 잊지 마시기를 바랍니다.

효는 가정을 따뜻하게 하고,
그 따뜻함이 모든 일의 밑거름이 됩니다.

올바른 인성 만들기를 위한 실천

◇ 부모님께 감사의 마음을 담은 선물하기

◇ 부모님과 함께 주말 영화나 공연 관람하기

◇ 부모님이 가장 좋아하는 음식을 주말에 만들어보기

---

* 자효(子孝) : 자식의 효도.　* 쌍친락(雙親樂) : 어버이가 즐겁다.

* 가화(家和) : 집안이 화목.　* 만사성(萬事成) : 모든 일이 이루어짐.

3 ── 식사 시간이 집안의 흥망을 결정한다

景行錄에 云하기를

觀朝夕之早晏하여 可以福人家之興替니라

『경행록』에 이르기를, "아침저녁의 식사 시간이 이르고 늦음을
보아 가히 그 사람의 집이 흥하고 쇠함을 알 수 있느니라."라고
하였습니다.

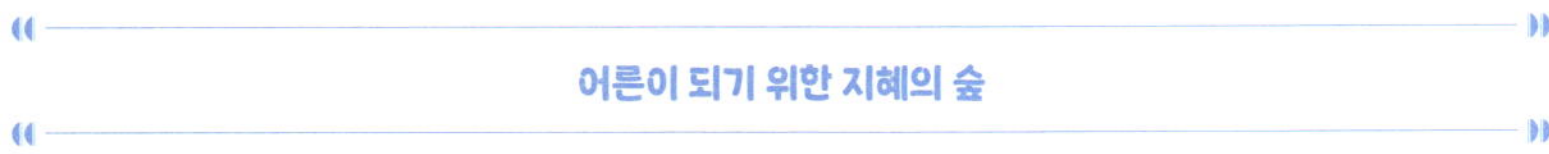

위의 말씀은 식사 시간을 통해 사람의 부지런함과 집안의 활기를 엿볼 수 있다는 지혜를 전하고 있습니다. 옛날에는 아침 일찍 식사하고 하루 일과를 시작하는 것이 생활의 기본이자 성실함의 상징이었습니다.

오늘날 여러분이 학업과 여러 활동으로 바쁘게 생활하는 것을 고려할 때, 아침 식사 시간이 부지런함의 유일한 척도가 될 수는 없다는 점을 이해합니다.
그렇지만 아침과 저녁을 준비해 주시는 부모님의 정성은 그 자체로 여러분이 건강하게 하루를 맞이하고, 부지런히 나아가길 바라는 사랑의 표현입니다.

따라서 이 따뜻한 마음을 되새기며 아침을 꼭 챙겨 먹고, 하루를 활기차게 시작하려는 노력은 중요합니다. 이렇게 규칙적이고 충실하게 하루를 맞이하는 태도는 작은 실천이지만, 여러분이 올바른 어른으로 성장해 나가는 의미 있는 첫걸음이 될 것입니다.

규칙적인 아침 식사는
하루를 활기차게 시작하는 중요한 첫걸음이며,
부지런함과 성실함을 기르는 밑거름이 됩니다.

올바른 인성 만들기를 위한 실천

◇ 부모님이 정성껏 준비해 주신 아침 식사는 꼭 먹기

◇ 일정한 시간에 기상하고 10분이라도 운동하기

◇ 식사 준비나 도움을 주신 부모님께 감사의 인사를 전하기

* 조석(朝夕) : 아침과 저녁(여기서는 아침 저녁밥)

* 조안(무릉) : 이름과 늦음. * 흥체(興替) : 흥함과 쇠함.

제16장

안의편
安義篇

의롭게 살아야 편안하다

안의(安義)란 의로움이 편안하다는 뜻으로
사람 관계에 있어 의와 도리를 다하고
가족 간에 맺어지는 유대관계 즉 부부와 형제,
친척 사이에 의로움과 도리를 다해야
편안하고 단란한 가정을 이룰 수 있다는
지혜의 말씀을 전하고 있습니다.

1 ── 형제는 수족이며 부부는 의복과 같다

莊子曰

兄弟는 爲手足하고　夫婦는 爲衣服이니

衣服破時엔 更得新이거니와　手足斷處엔 難可續이니라

> 장자가 말하기를, "형제는 손발과 같고, 부부는 의복과 같으니
> 의복이 해졌을 때는 새것으로 갈아입을 수 있지만, 손발이
> 끊어진 곳은, 잇기가 어려우니라."라고 하였습니다.

어른이 되기 위한 지혜의 숲

장자의 말씀은 가족 간 유대와 관계의 중요함을 일깨워 줍니다. 시대가 변하면서 많은 이들이 성인이 되면 부모에게서 독립해 살기를 원하고, 부모 또한 자녀의 자립을 응원합니다. 하지만 독립적인 삶이 가족 간의 관계를 단절시키는 것은 아닙니다. 오히려 자립을 통해 가족의 소중함을 다시금 깨닫는 경우도 많습니다.

장자는 형제의 관계를 손과 발에 비유하며, 형제는 떨어질 수 없는 끈끈한 존재임을 강조했습니다. 시간이 지나며 부부 관계에 더 많은 관심이 쏠릴 수 있지만, 형제와의 유대 역시 평생 간직해야 할 소중한 인연입니다.
가족 구성원 모두가 서로를 존중하고 아끼며 사랑과 우애를 쌓아가는 것은 건강한 관계의 밑거름이 됩니다. 여러분도 살아가며 가족의 소중함을 느끼고, 화목한 관계를 이어가길 바랍니다.

가족은 멀리 있어도 소중함이 더 깊이 느껴지는,
삶의 인연이자 뿌리와 같은 존재이다.

올바른 인성 만들기를 위한 실천

◇ 매주 혹은 매달 가족이 함께하는 시간을 정해 보기

◇ 가족 구성원에게 고마운 마음을 자주 표현하는 습관 만들기

◇ 가족과 함께 매달 한 번은 다양한 주제를 정해 토론해 보기

* 수족(手足) : 손과 발.　* 파(破) : 깨트리다　* 속(續) : 잇다.

2 —— 대장부와 소인배의 차이

소 동 파　　　운
蘇東坡가 云하기를

부 불 친 혜 빈 불 소　　차 시 인 간 대 장 부
富不親兮貧不疎는　此是人間大丈夫요

부 즉 진 혜 빈 즉 퇴　　차 시 인 간 진 소 배
富則進兮貧則退는　此是人間眞小輩니라

> 소동파가 이르기를, "부유하다고 친하지 않으며 가난하다고
> 멀리하지 않음은 이것이 바로 사람 가운데 대장부라 할 것이요,
> 부유하면 가까이하고 가난하면 물러서면 이것이 바로 사람
> 가운데 소인배이니라."라고 하였습니다.

어른이 되기 위한 지혜의 숲

이 말씀은 대장부와 소인배를 구분하는 삶의 지혜를 전하고 있습니다. 우리는 종종 부유한 사람에게는 친절하고, 가난한 사람에게는 무관심한 모습을 보이곤 합니다. 그러나 진정한 어른은 사람을 재산이 아니라 인격으로 바라볼 줄 아는 이입니다.

진정한 대장부는 누구든지 존중하며, 특히 어려움에 처한 사람을 도울 줄 아는 따뜻한 마음을 지닌 사람입니다. 이러한 도량과 배려는 인격의 성숙을 이끄는 밑바탕이며, 사회적 책임을 실천하는 첫걸음이기도 합니다.

여러분도 다양한 사람들과의 만남 속에서 편견 없이 상대를 이해하고, 진심 어린 존중으로 관계를 맺어가길 바랍니다. 그 속에서 성장하고, 진정으로 사람을 아끼는 큰 그릇의 어른으로 나아갈 수 있기를 바랍니다.

진정한 대장부는 사람의 가치를 부와 상관없이 바라보며,
가난한 이를 동정하고 돕는 마음을 지닌 사람이다.

올바른 인성 만들기를 위한 실천

◇ 사회적 약자에 대한 이해와 공감 기르기

◇ 도움이 필요한 사람들을 돕기 위해 자원봉사 활동에 참여하기

◇ 학교 친구들에게 오늘 하루 친절하게 인사하기

* 소동파(蘇東坡) : 중국 북송 때의 문인으로, 당송(唐宋) 달대가의 한 사람으로, 서화(書畫)에 뛰어났음.

* 불소(不疎) : 멀리 지내지 않는 것.　　* 소배(小輩) : 소인배

제17장

준례편
遵禮篇

예절을 따르라

:

준례(遵禮)란 예절을 따르라는 뜻으로
사람이 살아가면서 마땅히 지켜야 할 도리입니다.
예절은 더불어 사는 인간 사회에서는
꼭 필요한 가치이자 덕목입니다.
사람이란 스스로 몸가짐을 바르게 하고
남을 존중하는 마음과 태도를 길러야 합니다.

1 —— 예의가 필요한 이유

子曰, 居家有禮故로 長幼辨하고

閨門有禮故로 三族和하고 朝廷有禮故로 官爵序하고

田獵有禮故로 戎事閑하고 軍旅有禮故로 武功成이니라

공자가 말하기를, "한 집안에 예가 있으므로 어른과 어린이가
분별이 있고, 규방에 예가 있으므로 삼족이 화목하고,
조정에 예가 있으므로 벼슬의 순서가 있고, 사냥하는 데 예가
있으므로 군사 일이 숙달되고, 군대에 예가 있으므로 무공이
이루어지느니라."라고 하였습니다.

어른이 되기 위한 지혜의 숲

공자는 제자들에게 "예의를 지키지 않으면 사회에서 입신할 수 없다"고 강조했습니다. 이는 사람이 예의를 지키지 않으면 사회에서 존경받기 어려운 기초를 잃게 된다는 의미입니다. 예의는 가정, 조직, 군대 등 모든 사회적 관계에서 필수적입니다.

가정에서는 어른과 아이 간의 예절이 없으면 질서가 무너질 수 있으며, 조직에서도 상하 간 예의가 없다면 질서가 유지될 수 없습니다. 예의는 서로를 존중하는 태도에서 비롯되며, 이를 통해 올바른 어른으로 성장할 수 있습니다.

따라서 나는 부모님, 친구, 선생님에게 어떤 태도로 예절을 지키고 있는지를 돌아보고, 개선해야 할 부분이 있다면 개선하여 올바른 어른으로 성장하고자 하는 마음을 가지고 있습니다.

예의는 사람과 사람 사이의 신뢰를 쌓는
가장 기본적인 질서이며, 사회의 조화를 이끄는 근본이다.

올바른 인성 만들기를 위한 실천

◇ 가족 간의 대화에서 존댓말을 사용하기

◇ 가까운 친구에게나 서먹한 친구에게 감사의 편지쓰기

◇ 학교 선생님께 감사의 편지를 쓰고 감사함을 표현하기

* 거가(居家) : 집안에 있어서.　　* 규문(閨門) : 가정 안, 안방.

* 전렵(田獵) : 사냥터.　　　* 융사(戎事) : 전쟁에 관한 일.

2 —— 하늘이 정해 놓은 질서

老少長幼는 天分秩序니　不可悖理而傷道也이니라

"늙은이와 젊은이, 어른과 아이는 하늘이 정해 놓은 질서이니,

이치를 어기고 도를 상하게 해서는 안 된다."라고 하였습니다.

어른이 되기 위한 지혜의 숲

세상은 사람과의 질서에 따라 웃어른과 아랫사람 간의 명확한 서열이 정해져 있습니다.

『예기』 <제의> 편에서는 나이가 많은 어른과 늙은이를 존중하는 것이 부모에게 효도하는 것에 이어 중요한 가치임을 강조합니다.

이는 하늘이 정한 질서에 따라 어른을 공경하는 것이 인간의 도리이자, 사회의 질서를 유지하는 데 필수적임을 뜻합니다.

어린이가 어른을 존경하는 것은 하늘의 이치를 따르는 행동이며, 이를 무시하는 것은 사회를 혼란스럽게 만듭니다. 어른을 존중하는 것은 그들의 지혜와 경험을 배우려는 자세에서 비롯되며, 이는 자신의 성장에도 크게 기여합니다.

따라서 웃어른께 겸손하고 예의 바른 태도를 지키며, 사회의 질서와 조화를 유지하는 것이 중요합니다. 이러한 태도가 더 나은 사회를 만드는 초석이 될 것입니다.

어린이는 어른을 존중함으로써 하늘의 질서를 따르고,
자신과 사회의 조화를 이루는 올바른 길을 걸어야 한다.

올바른 인성 만들기를 위한 실천

◇ 어른과 대화할 때는 경청하는 자세를 갖고, 존댓말 사용하기

◇ 이웃 어른에게 먼저 다가가서 안부 인사드리기

◇ 부모님께 감사와 사랑의 편지를 쓰기

* 천분(天分) : 하늘이 내려준 분수.

* 패리(悖理) : 이치에 어긋나다.

* 상도(傷道) : 도리를 상하게 하다.

3 —— 보이지 않는 곳에서의 예의

出門如見大賓하고　入室如有人이니라

> "문밖을 나설 때는 큰 손님을 만나는 듯하고, 방으로 들어설 때는
> 사람이 있는 것처럼 하라."라고 하였습니다.

어른이 되기 위한 지혜의 숲

위의 말씀은 타인의 시선이 있을 때와 없을 때 모두 신중하게 행동하고, 바른 태도를 유지하라는 의미입니다. 우리는 문을 나설 때 단정한 옷차림과 예의 바른 행동을 통해 마치 큰 손님을 대하듯 공손하고 정중한 태도를 가져야 합니다. 이는 나 자신을 가치 있게 만들어 주는 중요한 요소입니다.

반면, 집에 들어올 때도 주의가 필요합니다. 아무도 없다는 이유로 방 안에서 소홀하게 행동하거나 정리하지 않으면 안 됩니다. 마치 방 안에 누군가 있는 것처럼, 스스로를 단정하게 유지하고 조심스럽게 행동해야 합니다.

이러한 작은 행동들이 모여 훗날 성인이 되었을 때 훌륭한 생활 습관으로 자리 잡게 된다는 점을 잊지 말아야 합니다.
결국, 남을 배려하고 자신의 행동을 되돌아보는 태도는 인격 형성에 큰 영향을 미치며, 사회에서 신뢰받는 사람으로 성장하는 데 중요한 기초가 됩니다.

남이 보든 보지 않든 항상 신중하고
예의 바르게 행동하는 것이 진정한 인격을 만든다.

올바른 인성 만들기를 위한 실천

◇ 외출할 때는 상황에 맞는 복장을 선택하여 옷을 단정하게 입기

◇ 외출할 때 인사하고, 돌아올 때도 인사하는 습관들이기

◇ 집 안에 있을 때 자신을 단정히 하고, 방을 정리정돈 하기

* 출문(出門) : 문밖을 나서다.

* 대빈(大賓) : 큰 손님.

* 여유인(如有人) : 사람이 있는 것같이 행실을 삼가다.

4 —— 남을 먼저 소중하게 대접하라

若要人重我인대　無過我重人이니라

"만일 남이 나를 중하게 여김을 바란다면, 내가 먼저 남을 중하게
여기는 것보다 좋은 것은 없다."라고 하였습니다.

내가 남에게 잘 대하면 그들도 나에게 잘 대해 주고, 반대로 나쁘게 대하면 나 역시 그
대가를 치르게 됩니다. 이는 세상에서 사람들과의 관계와 인심의 기본 원칙입니다.
인간은 서로 주고받으며 살아가는 존재로, 삶이란 바로 이러한 상호작용의 연속입니
다. 우리가 남에게서 받은 만큼 다시 남에게 돌려주는 것이 삶의 법칙입니다.

상대방의 처지에서 생각하고 배려하는 마음, 역지사지의 자세를 가지고 항상 먼저 인
사하고 선을 베풀며 대접하는 것이 중요합니다. 이렇게 하면 내가 베푼 만큼 나에게도
돌려받게 되는 이치를 깨닫고, 더욱 성숙한 모습으로 성장해 나가기를 바랍니다.

궁극적으로, 타인을 귀하게 여기는 태도는 나 자신을 더욱 발전시키고, 상호 존중의
문화를 만들어 가는 첫걸음이 될 것입니다. 따라서 작은 배려가 큰 변화를 이끌어내는
힘이 있다는 것을 잊지 말아야 합니다.

남을 귀중히 여기는 것이 나를 귀하게 만드는 것이며,
상호 배려와 존중이 건강한 관계의 기초가 된다.

올바른 인성 만들기를 위한 실천

◇ 친구가 힘든 날에는 따뜻한 격려의 문자를 보내기

◇ 선생님이나 친구에게 예의 바른 인사와 감사 표현하기

◇ 친구와의 약속을 잘 지키고, 친구의 감정을 상하게 하지 않기

* 요(要) : 요구하다. 바라다.

* 중(重) : 존중하다. 정중하다.

* 무과(無過) : ~에 지나지 않는다.

제18장

언어편
言語篇

말을 바르게 하라

:

언어(言語)에서는 언어의 중요성을 말하고 있습니다.
말이란 자기의 감정을 표현하고,
사람과의 관계를 소통하고, 유지할 수 있는 수단입니다.
거짓된 말로 사람을 현혹하거나 상처가 되는 말로
사람과의 관계를 단절해서는 안 됩니다.
그래서 입에서 나오는 언어는 아름답고
진실함이 있어야 합니다.
아름다운 말은 나의 인격을 아름답게
포장해주는 선물입니다.

1 —— 이치에 맞지 않은 말을 삼가라

劉會曰言不中理면　不如不言이니라

유희가 말하기를, "말이 이치에 맞지 않으면 말하지 않는 것만
못하다."라고 하였습니다,

어른이 되기 위한 지혜의 숲

위의 말씀은 말이 반드시 이치에 맞아야 한다는 중요한 교훈을 담고 있습니다. 우리
는 매일 수많은 생각과 말, 행동을 하며 살아가지만, 그 가운데 내가 하는 말이 진정으
로 옳은지 옳지 못한 것인지에 대해 깊이 고민하는 것이 필요합니다.

무심코 내뱉은 말이 누군가에게 큰 아픔과 상처를 줄 수 있음을 인식해야 합니다. 비
록 잘못한 말을 용서받을 수 있을지라도, 그 상처는 쉽게 잊히지 않기 때문입니다.
이치에 맞지 않는 말을 할 경우, 우리는 자신의 신뢰를 잃게 되고 관계를 훼손할 수 있
습니다. 그러므로 말하기 전에 한 번 더 생각해 보고, 상대방의 감정을 고려하는 태도
가 필요합니다.

따라서 한마디 말이라도 깊이 생각하고, 상황에 맞는 이치 있는 말을 하려는 노력이
필요합니다. 이러한 마음가짐은 올바른 소통을 통해 건강한 인간관계를 형성하고, 나
아가 스스로 성장하는 데 큰 도움이 될 것입니다.

말은 신중하게, 이치에 맞게 하여
관계를 다지고, 자신의 신뢰를 쌓아가라.

올바른 인성 만들기를 위한 실천

◇ 친구나 가족과 대화할 때는 항상, 한 번 더 생각한 후 말하기

◇ 친구의 고민을 듣고 적절한 조언이나 위로의 말을 전하기

◇ 상황에 맞는 어휘 표현법을 찾아서 학습하고 실천해 보기

* 중리(中理) : 이치에 맞음. * 불여(不如) : ~만 같지 못함.

* 불언(不言) : 말하지 않음.

2 ── 입과 혀는 재앙의 근본이다

君平이 曰

口舌者는 禍患之門이요 滅身之斧也이라

군평이 말하기를, "입과 혀는 재앙과 근심을 불러들이는 문이며,
몸을 망하게 하는 도끼와 같은 것이니라."라고 하였습니다.

속담에 "혀로 한번 뱉은 말은 주워 담지 못한다"는 말처럼, 우리는 말의 중요성을 항상 염두에 두어야 합니다.

말 한마디는 상황을 바꿀 수 있는 힘을 가지며, 신중하게 다뤄야 합니다. 말을 하기 전에 진실성, 적절성, 그리고 상대방에 미칠 영향을 숙고하는 습관이 필요합니다.

잘못된 말 한마디가 심각한 결과를 초래할 수 있다는 사실을 명심하고, 가까운 사람과의 대화에서도 상대방의 감정을 배려하는 태도를 가져야 합니다.

신중한 언행은 단순한 예의가 아니라 사회적 책임이며, 긍정적이고 예쁜 언어는 건강한 관계와 소통을 이끌어냅니다.

따라서 우리는 항상 말을 하기 전에 "내가 이 말을 했을 때, 상대방은 어떻게 느낄까?"라는 질문을 던지며, 언행이 긍정적인 영향을 미칠 수 있도록 노력해야 합니다.

한 번 내뱉은 말은 되돌릴 수 없으니,
신중하게 생각하고 아름다운 언어로 소통하라.

올바른 인성 만들기를 위한 실천

◇ 내가 좋아하는 말과 싫어하는 말을 적어보기

◇ 친구들이 싫어하는 말과 좋아하는 말을 적어보기

◇ 상황에 맞는 적절한 어휘들을 찾아보고 표현해 보기

* 군평(君平) : 중국 한나라 때 사람으로 점을 잘 쳤다고 함.

* 구설(口舌) : 입과 혀.　* 멸신(滅身) : 몸을 죽게 함.

3 —— 입과 혀를 조심하면 편안한 삶을 누릴 수 있다

口是傷人斧요 言是割舌刀니

閉口深藏舌이면 安身處處牢니라

"입은 사람을 상하게 하는 도끼요, 말은 혀를 베는 칼이니
입을 막고 혀를 깊이 감추면 몸이 어느 곳에 있어도
편안할지니라."라고 하였습니다.

어른이 되기 위한 지혜의 숲

이 말씀은 언어의 힘과 그로 인한 결과를 깊이 성찰하게 합니다.

말은 도끼나 칼처럼 위험할 수 있어, 우리가 내뱉는 말이 어떤 영향을 미칠지 항상 자각해야 합니다. 종종 우리는 말의 의미를 충분히 인식하지 못한 채 말을 내뱉고, 그로 인해 상대방에게 상처를 주기도 합니다. 하지만 말하기 전에 한 번 더 생각하고, 때로는 입을 닫는 것이 건강한 관계를 유지하는 데 도움이 됩니다.

타인의 감정과 상황을 이해하는 노력이 중요하며, 상대방의 처지에서 생각하는 연습을 통해 더 깊은 인간관계를 형성할 수 있습니다.

말 한마디가 누군가의 하루를 변화시킬 수 있다는 점을 기억하고, 긍정적인 언어를 사용하려는 노력이 필요합니다.

결론적으로, 언어는 우리의 인격을 드러내는 중요한 자원으로, 신중하게 다루어야 한다는 점을 명심해야 합니다.

말은 도끼와 같으니, 신중하게 다루고
한 번 더 생각한 후에 내뱉어야 진정한 언어가 된다.

올바른 인성 만들기를 위한 실천

◇ 누군가와 대화할 때, 말하기 전에 3초간 생각해 보기

◇ 하루 동안 자신이 사용한 긍정적인 언어를 기록해 보기

◇ 친구나 가족에게 하루에 한 번 이상 칭찬이나 격려의 말을 하기

* 힐설도(割舌刀) : 혀를 베는 칼.

* 심장설(深藏舌) : 혀를 깊이 감춤. 말을 하지 않는다는 뜻.

269

봉 인 차 설 삼 분 화　　미 가 전 포 일 편 심
逢人且說三分話하고　未可全抛一片心이니

불 파 호 생 삼 개 구　　지 공 인 정 양 양 심
不怕虎生三個口요　只恐人情兩樣心이니라

"사람을 만나거든 말을 열 마디 중 세 마디만 하되,
자기가 지니고 있는 한 조각 마음까지 다 말하지 말지니,
호랑이의 세 입을 두려워하지 말고 오직 사람의 두 마음을
두려워할지니라."라고 하였습니다.

어른이 되기 위한 지혜의 숲

'열 길 물속은 알아도 한 길 사람 속은 모른다'는 속담은 사람의 속마음을 알기 어렵다는 경고의 메시지를 전합니다.

우리는 종종 친구와의 관계에서 진심을 나누고 서로를 이해하려 하지만, 때로는 상대방이 예기치 않게 배신하거나 돌변하는 경우도 있습니다. 이는 사람의 속마음이 언제든 변할 수 있다는 사실을 일깨워줍니다.

따라서 우리는 친한 친구에게도 자신의 마음을 너무 쉽게 드러내지 말고, 상대방의 속마음이 무엇일지 항상 경계해야 합니다. 사람의 감정과 이익이 얽혀 있을 수 있음을 명심하고, 신중하게 대인관계를 형성하는 것이 중요합니다.

상대방을 잘 이해하고 배려하는 마음이 필요하지만, 자신의 마음을 지키는 것도 중요한 지혜입니다. 이를 통해 더 현명하고 성숙한 인간관계를 만들어갈 수 있습니다.

사람의 마음은 알 수 없으니, 가까운 친구에게도
속마음을 지나치게 드러내지 말고 항상 경계하며 신중해라.

올바른 인성 만들기를 위한 실천

◇ 친구와의 대화에서 자신의 감정을 과도하게 드러내지 않기

◇ 오늘 하루 내가 친구에게 상처 주었던 말을 기록해 보기

◇ 나의 진심을 털어놓을 수 있는 친구가 몇 명인지 확인해 보기

* 삼분화(三分話) : 10분의 3만 말하다.　　* 전포(全抛) : 말을 모두 내뱉다.

* 일편심(一片心) : 가슴속 깊이 간직한 말.　* 양양심(兩樣心) : 두 가지 마음.

제19장

교우편
交友篇

친구를 바르게 사귀어라

교우(交友)란 친구를 사귄다는 뜻입니다.
우리 주위에는 많은 친구들이 있지만
진정한 친구로서 관계를 유지하는 일은 쉽지 않습니다.
좋은 친구를 만나기 위해서는
나부터 참되어야 하고 좋은 인성을 만들어야 합니다.
참다운 벗은 도리를 알고 올바른 인성을 가지고
있을 때 모여들고 관계가 만들어지게 되어 있습니다.

1 ── 배우는 친구는 유익하고, 무지한 친구는 고통이 된다

家語云, 與好學人同行에 如霧露中行하여

雖不濕依라도 時時有潤하고 與無識人同行에

如厠中坐하여   雖不汚衣라도 時時聞臭니라

가어에 이르기를, "배우기를 좋아하는 사람과 동행한다면 마치 안개 속을 가는 것과 같아서 비록 옷을 적시지 않더라도 때때로 물기가 있고, 무식한 사람과 동행하면 마치 뒷간에 앉은 것 같아 비록 옷은 더럽히지 않더라도 때때로 그 냄새를 맡게 되니라" 하였다.

어른이 되기 위한 지혜의 숲

위의 말씀은 우리가 어떤 환경에 속하고 누구와 교류하는지가 우리의 성장에 큰 영향을 미친다는 중요한 교훈을 전합니다.

사람은 주변 환경과 관계로 형성되며, 그 결과는 시간이 지남에 따라 드러납니다. 지혜롭고 배움을 즐기는 사람들과의 교류는 긍정적인 에너지를 주며 나도 자연스럽게 성장할 수 있습니다. 반면, 부정적인 사람들과의 관계는 나의 성장에 방해가 될 수 있습니다.

따라서 우리는 의식적으로 긍정적인 영향을 주는 사람들과 가까이하며, 부정적인 환경에서 벗어나도록 노력해야 합니다. 좋은 사람들과의 교류는 더 나은 미래를 만들어 가는 중요한 첫걸음이 됩니다.

유익한 사람과의 동행은 지혜를 더하고,
해로운 사람과의 동행은 상처를 남긴다.

◇ 자신에게 긍정적인 영향을 주는 친구들과 자주 소통하기

◇ 스터디 그룹, 스포츠팀 등 배움과 성장을 도모하는 모임 가입하기

◇ 부정적인 말이나 행동을 하는 친구들과의 접촉을 최소화하기

* 호학인(好學人) : 배우기를 좋아하는 사람 *무로(霧露) : 안개와 이슬

* 습(濕) : 젖다 *윤(潤) : 배어들다, 윤택하다

* 측(厠) : 변소 *오(汚) : 더럽히다

2 ── 서로의 마음을 알고 지내는 사람

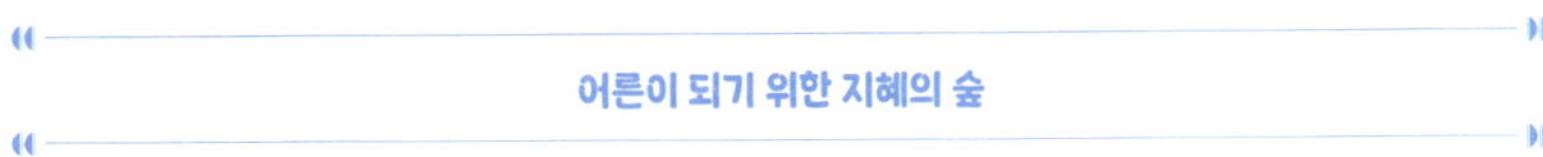

相識이 滿天下하되　知心能幾人일까

> "서로 얼굴을 아는 사람은 온 세상에 많이 있으되 마음을 아는
> 사람이 몇이나 되겠는가."

어른이 되기 위한 지혜의 숲

이 말씀은 우리가 수많은 사람과 만나는 시대에 살고 있지만, 진정으로 마음을 나누고 깊은 신뢰를 쌓을 수 있는 사람은 극히 드물다는 점을 일깨워줍니다.
학교나 직장에서는 많은 사람들과 인사를 나누고 대화를 하지만, 그중 내 마음을 진정으로 이해하는 이는 많지 않습니다.

겉으로는 친구가 많아 보여도, 진심을 나누고 서로의 기쁨과 고민을 함께할 수 있는 진정한 친구는 그리 많지 않습니다. 이러한 관계는 단순한 만남이나 인사로는 이루어지지 않으며, 깊은 소통과 이해가 바탕이 되어야 합니다.

특히 사회생활을 하며 바쁘게 지내는 동안, 얼굴만 아는 관계는 늘어날 수 있지만, 마음을 나누는 관계는 시간과 노력이 필요한 만큼 더욱 귀중해집니다.
진정한 친구는 어려운 순간에 함께하며 서로를 지지해 주는 인생의 동반자로, 단순한 시간을 넘어서 마음을 나누고 함께 성장해 나가는 존재임을 기억해야 합니다.

많은 사람과 어울릴 수는 있어도,

마음을 나눌 수 있는 단 한 사람이 진정한 인생의 보물이다.

올바른 인성 만들기를 위한 실천

◇ 친구의 기쁨이나 고민을 주의 깊게 듣고, 감정에 공감해 주기

◇ 친구와 대화할 때 눈을 바라보고 대화하기

◇ 자신의 기쁨, 고민, 어려움을 친구와 솔직하게 나누어 보기

* 상식(相識) : 서로 얼굴을 아는 것

* 지심(知心) : 마음을 아는 것.

* 능가인(能幾人) : 몇 사람이나 되겠는가.

3 —— 어려울 때 도와줄 수 있는 친구

酒食兄弟는 千個有로되　急難之朋은 一個無니라

> 서로 술이나 음식을 함께 할 때에는 형이니 동생이니 하는
> 친구는 많으나 급하고 어려운 일을 당했을 때에 도와줄 친구는
> 하나도 없느니라.

어른이 되기 위한 지혜의 숲

이 가르침은 일상에서 술자리나 식사 자리를 함께하며 친밀해 보이는 친구는 많지만, 정작 어려운 순간에 진심으로 곁을 지켜주는 친구는 극히 드물다는 사실을 일깨워줍니다.

우리는 종종 사교적인 관계 속에서 많은 사람들과 어울리지만, 그런 관계가 깊은 신뢰로 이어지는 경우는 드뭅니다.

진정한 친구는 단지 즐거운 시간을 함께 보내는 사람이 아니라, 시련 속에서도 나를 이해하고 지지해 주는 존재입니다.

따라서 겉으로 드러나는 친분에만 의존하기보다, 진심과 신뢰를 바탕으로 한 우정을 소중히 여기고, 그런 관계를 키워나가는 노력이 필요합니다.

결국, 진정한 우정은 화려한 교류가 아닌, 함께 아픔을 나누고 변함없이 곁을 지키는 마음에서 비롯되는 것입니다.

진정한 우정은 잔을 함께 기울이는 사이가 아니라,
고난 속에서도 등을 내어주는 사람과의 깊은 마음의 약속이다.

올바른 인성 만들기를 위한 실천

◇ 나의 도움이 필요한 친구를 찾아보기

◇ 마음이 불편한 친구를 찾아 진실한 대화로 소통하기

◇ 친구와 서로의 꿈과 직업에 대해 진지하게 대화해보기

* 주식(酒食) : 술과 음식.

* 급난지붕(急難之朋) : 어려울 때 서로 도울 수 있는 친구.

4 ── 의리 없는 친구는 사귀지 말라

불 결 자 화　　휴 요 종　　　무 의 지 붕　　불 가 교
不結子花는 休要種이요　無義之朋은 不可交니라

> "열매를 맺지 않은 꽃은 심지 말고, 의리 없는 친구는 사귀지
> 말지니라."

어른이 되기 위한 지혜의 숲

이 가르침은 열매를 맺지 못하는 꽃처럼 유익함 없는 관계를 경계하며, 의리 없는 친구와는 인연을 맺지 말라는 지혜를 전합니다. 겉으로는 화려해 보여도 실질적인 가치가 없는 관계는 결국 우리 삶에 도움이 되지 않습니다.
진정한 친구란 단지 시간을 함께 보내는 사람이 아니라, 신뢰와 의리를 바탕으로 필요할 때 서로를 도울 수 있는 존재입니다.

이 교훈은 관계의 수보다 깊이를 중시하라는 의미를 담고 있습니다. 단순한 친분보다 진정성과 신뢰가 깃든 우정이야말로 진정한 가치가 있으며, 그러한 관계는 시간과 노력을 들여 지켜나가야 할 소중한 인연입니다.
마치 열매 없는 꽃이 무의미하듯, 진정성 없는 관계는 마음과 시간을 낭비하게 할 뿐입니다.

우리의 에너지는 진정한 의리와 신뢰가 담긴 관계에만 투자할 때 비로소 삶의 어려운 순간에 큰 힘이 되어주는 든든한 버팀목이 될 수 있음을 잊지 말아야 합니다.

진정한 우정은 어려울 때
의지할 수 있는 든든한 버팀목이 되지만,
의리 없는 관계는 화려한 빈 껍데기에 불과하다

올바른 인성 만들기를 위한 실천

◇ 친구와의 작은 약속이라도 성실히 지키며 책임감을 보여주기

◇ 친구와 관계의 의미를 스스로 생각해 보고 정리하기

◇ 나의 고민을 이야기할 수 있는 친구가 몇 명인지 적어보기

*불결자화(不結子花) : 열매를 맺지 않는 꽃.

*휴요(休要) : ~하지 말라, ~할 필요가 없다.

5 —— 세월이 지나서야
그 사람의 마음을 알 수 있다

路遙知馬力이요　日久見人心이니라

"길이 멀어야 말의 힘을 알 수 있고, 오랜 세월이 지나야 사람의
마음을 알 수 있느니라."

어른이 되기 위한 지혜의 숲

"길이 멀어야 말의 힘을 알고, 세월이 흘러야 사람의 마음을 안다"는 말은, 누군가의
진정한 성품이나 사물의 가치를 이해하기 위해서는 충분한 시간과 경험이 필요하다
는 사실을 일깨워 줍니다.

겉모습이나 순간적인 행동만으로 상대를 판단하기는 어렵고, 다양한 상황을 함께 겪
으며 쌓이는 시간 속에서야 비로소 진심과 성품이 드러납니다.
특히 인간관계에 있어 신뢰와 우정은 단기간에 형성되지 않으며, 서두르지 않고 기다
림의 미덕을 지닐 때 진정한 관계로 나아갈 수 있습니다.

이러한 교훈은 인내의 중요성과 함께, 삶에서 깊이 있는 이해와 신뢰는 오랜 시간에
걸쳐 형성된다는 사실을 다시금 상기시켜 줍니다. 결국 진짜 가치 있는 것은 시간이
흘러야 드러나며, 그 과정을 소중히 여길 때 우리는 더 깊고 의미 있는 관계를 맺을 수
있습니다.

진정한 가치와 성품은
시간이 지나야 비로소 드러나며,
인내 속에서 깊은 이해와 신뢰가 쌓인다.

올바른 인성 만들기를 위한 실천

◇ 친구와 관계를 맺을 때, 서두르지 말고 서서히 알아가기

◇ 지금까지 오래 사귀고 기억에 남는 친구 이름을 적어보기

◇ 오래된 친구에게 문자나 감사의 편지를 써보기

*노요(路遙) : 길이 멀다는 뜻.

*일구(日久) : 오랜 세월이 지남.

어른이 되기 전에 읽어야 할

청소년 명심보감

초판 1쇄 펴낸날 2026년 2월 25일

지은이 김한수
펴낸이 이종근
펴낸곳 도서출판 하늘아래

주소 경기도 고양시 일산동구 하늘마을로 57- 9 3층 302호
전화 (031) 976-3531
팩스 (031) 976-3530
이메일 haneulbook@naver.com
등록번호 제300-2006-23호

ISBN 979-11-5997-132-7 (43190)